Work Space or Bat...
Zodiac Signs vs.
Blood Types

職場如戰場
星座×血型
終極大PK

 永續圖書線上購物網　 讀品文化 事業有限公司

WWW.foreverbooks.com.tw

yungjiuh@ms45.hinet.net

幻想家系列　20

職場如戰場？星座X血型終極大PK

編　著	六分儀
出版者	讀品文化事業有限公司
執行編輯	林于婷
美術編輯	翁敏貴

騰訊讀書　華夏原創網

本書經由北京華夏墨香文化傳媒有限公司正式授權，
同意由讀品文化事業有限公司在港、澳、臺地區出版
中文繁體字版本。

非經書面同意，不得以任何形式任意重製、轉載。

社　址	22103　新北市汐止區大同路三段 194 號 9 樓之 1
	TEL／(02) 86473663
	FAX／(02) 86473660
總經銷	永續圖書有限公司
劃撥帳號	18669219
地　址	22103　新北市汐止區大同路三段 194 號 9 樓之 1
	TEL／(02) 86473663
	FAX／(02) 86473660
出版日	2013年10月

法律顧問	方圓法律事務所　涂成樞律師
CVS代理	美璟文化有限公司
	TEL／(02) 27239968
	FAX／(02) 27239668

國家圖書館出版品預行編目資料

職場如戰場?星座x血型終極大PK／六分儀編著.
-- 初版. -- 新北市：讀品文化，民102.10
面；　公分. -- (幻想家；20)
ISBN 978-986-5808-16-7(平裝)

1.占星術 2.血型

292.22　　　　　　　　　　102015225

目錄

目錄

O 型篇

A B 型篇

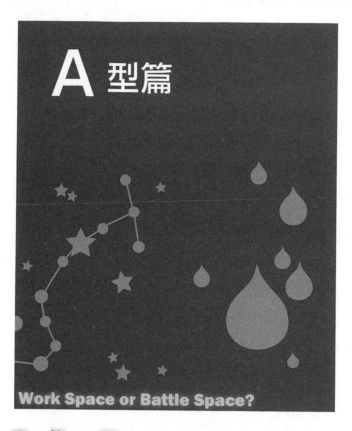

A 型篇

Work Space or Battle Space?

Zodiac Signs vs.
Blood Types

A型人的職場表現

A型人的合作意識正是現代職場所欣賞的。現代企業在強調個人素質的同時，更強調團隊合作精神。一棵大樹永遠成不了森林，只有森林茂密，樹才能享受更好的生長條件。同樣，只有團隊獲得成功，個人才能獲得成功。

合作的技巧其實很簡單，就看你是否願意掌握它，如果你總覺得自己很了不起，而不考慮別人的感受，是不會受到別人歡迎的，當然就不會有「人緣」。所以，基本的溝通與合作技巧是年輕人應該掌握的。如果你稍微注意一些交際技巧的話，就可以為你營造一個好的合作氛圍。

∫ 1.用動作求得一致

你付出什麼，就收穫什麼。如果與合作者合作愉快的話，那麼你們之間就有某種默契，或者說有一

種感應。要是人們相處得非常好，那麼他們彼此的動作、表情和神韻自然都很相似。

如果你把自己和溝通良好的人的交談情形記錄下來，再倒過來看看，你會發現這種交談很像是在表演，一人擺出了某種動作，另一人自然就跟了上來。通常只有當你和別人相處融洽時，才會產生這種默契。透過這種體態語言的一致，你和你的交談對象完全進入了合作狀態。

∫ 2. 做一個傾聽者

能夠聆聽他人是一種美德。年輕人應該有這種美德。人人都希望有一個傾訴對象，也希望別人了解自己。但是如果兩個人都希望傾訴和被了解，卻沒有一個人願意去傾聽的話，兩人要麼爭吵，要麼互相不願碰面。因此，如果你想被別人了解，就得先學會聽別人傾訴。只有願意了解別人的人，才能被別人了解。

適合A型人的工作類型

　　根據對A型人在職場中的表現來看，A型人在研究者、技術人員等職業領域有著很強的適應性，因此，A型人是很適合在「研究」、「技能」、「技術」等三個部門工作的。並且，他們生來就有辦事細心、管理負責和工作踏實的天性，因此他們在處理事務、革新和應用方面也會卓有成就。

　　在日本，由於A型人占的比例遠遠要高於其他血型，於是在日本幾乎所有的事業領域裡都能夠發現精明能幹的A型人。調查發現，在其所從事的職務中，以國家公務員為頂點的公務員事務職員所占的比例最高。他們作為國家大組織的一員，往往背負著偉大的使命感，為了出色地完成分配給自己的任務，他們踏實誠懇、埋頭苦幹、默默奉獻，再加上強烈的現場會議意識以及富有的協調精神，他們在公務員事業中的成功也就理所當然了。

所以，根據A型人的特性，他們在科技、經濟規劃、作家、歌星、戲劇和短劇演員、摔跤及長短跑運動、記者、科學家等職業領域，也會很有建樹的。

另外，值得注意的是，頭腦一流、創意十足的A型人，最不適合組織嚴格或官僚主義盛行的大型公司。他們天生喜好自由、富含豐富的創造力，而古板老套的工作環境只會嚴重扼殺他們的活力。

A型主管的管理風格

在工作中，對主管的性格略知一二絕對是必要的，這可減少不必要的摩擦，而且也使工作更有效率，甚至對你的晉升都會帶來不少幫助，而A型主管的特性有哪些呢？

① A型主管喜歡干涉

厭惡犯錯的完美主義者，唯恐影響到前途而特別謹慎，以「完美」為信條。因其負有維護現場的責任，小心謹慎的特性是理所當然；若是在上班時間閒

聊，他會以嚴峻的眼光瞪著你，就連影印時嘴上哼著小曲、釘書機的運作聲不絕於耳等小動作，都會受到他的特別注意。

② A型主管會因固執而失敗

A型人的觀念是：要道歉，並不是點幾個頭便可以了。並會生氣地罵道：心不在焉。

自己其實很重視那份誠心與關照員工，但是一經說出口，卻又成了「你自己心裡明白」。他有時會想別過於心急的亂責罵人，但表達出來的是嘮嘮叨叨。

③ A型主管常因沒搞頭而掃興

工作態度與謹慎，通常是合為一體。當你認真工作時，由於想盡自己的心力，會去試試看是否有更好的提案，A型主管會先誇說「這真是個好構思」，然後本著一貫的慎重，卻不會給你一個答覆。

④ A型主管重視禮數

保守又注重形式的A型人，對於誠實與禮儀頗為重視，不光指日常的寒暄，家中探望或年節的禮貌性拜訪等也都是重點。這價值觀在他心中已根深蒂固，

因此他會率先作為表率。

　　但偶爾發表「廢除繁文縟節是合理的」是他覺悟了事後還禮的麻煩。但逢年過節時，他又不知該不該登門拜訪，受下屬批評的影響很大。

A型人 VS. 十二星座

A型×白羊座

∫ 性格分析

雖然單純的白羊座屬於行動派，但是配上A型的白羊，會馬上變乖許多。A型的白羊座做事情頗具計劃性與率性。他兼具A型人的溫和感和白羊的熱情衝動，在做事認真保守的外表下，總有一顆火熱勇敢的心一直跳動著。

A型白羊座，結合了白羊的純潔與A型的倔強。因此，你會發現A型白羊座的人們往往看起來比實際年齡年輕許多。同時，他們骨子裡充滿堅韌，無論經歷多少磨難，他們絕不會向困難低下高貴的頭。

A型白羊座，也從未捨棄過自己的公正主義觀念，他們仍舊堅守自己的英雄主義，總愛打抱不平。別看他們偶爾會激進一些，但是A型白羊座從來不會咄咄逼人，他們的溫和謙讓低調，讓自己更加具有了

雙重性格的魅力。

注意：A型白羊要提防A型與白羊座弱點的結合，要打破思想的藩籬，接受他人的意見，樂觀進取。

∫ 白羊運勢

A型白羊，一生的整體運勢還算OK。他們一直勇於追求豐富多彩、富有激情的人生。由於A型白羊，擁有著一顆穩健的寬容之心，在積極對待磨難的同時，也開懷的吸納了一些幸運。

A型白羊，只要能夠樂觀的接受煩悶，開朗的去融入大眾，那麼快樂就會永遠伴隨身邊。而且，心情好了也會給白羊帶來很不錯的愛情運。但要注意的是，真正適合你的另一半是頗具內涵的人，要謹慎選擇。另外，勇敢地表達自己的口才，獲得公眾認可，事業運才會不斷提升。

注意：積極樂觀的生活，會讓自己好運連連。

∫ 職場命運

A型白羊座的工作運需要更加努力一點。儘管A型白羊座對自己的工作一直很用心,總是喜歡給自己制定工作目標。

但是,A型白羊座要注意了,無論自己是如何的才華洋溢,制定合理的前進目標才是最重要的。所以,放棄制定那些太優先於規定進度的目標,這樣的工作態度才會讓上司滿意。

A型白羊座,由於是木星和天王星的入宮,所以經常會被一時外在的現象衝昏頭,以致造成對自己的期許過高。因此,A型白羊座需要了解到這一點,要正確的看清前進的道路方向,進而促進工作、事業的節節高升。A型白羊座最有利於將來事業的轉化時間是二十歲左右。

注意:制定適合自己的工作目標,不要好高騖遠,是A型白羊事業進步的關鍵。

∫ 社交技巧

A型白羊座憑藉著自己的穩重、仗義,往往擁有

著很不錯的人緣。再加上本身優異的才能，A型白羊座又往往在朋友中處於領導者的角色。但A型白羊座需謹記，切不可執著於自己的魯莽與專斷，否則會失去很多朋友的理解和支持。當遇到不順心的事情時，無論對自己還是對待自己的同伴，要多一分體諒，少一分慌張與責備。

A型白羊座的人們還常存在這樣一個罩門，那就是與跟自己性格不合的人對立。須知，朋友多了路好走，讓自己心胸寬大些，結識多種性格的朋友。況且，在職場中的進步，除了依靠實力外，也離不開朋友們的幫助。

注意：A型白羊應常告誡自己，心大些，朋友多些，讓社交圈寬些，人生之路才更好走些。

A型×金牛座

∫ 性格分析

A型金牛座，是A型與其他星座組合中最具從容與

淡定的組合。A型的金牛，最強調保險，即使走了好多彎路，只要安全，其他的什麼都不會計較。這種類型的人們的生活節奏就彷彿是慢跑的烏龜，無論有什麼十萬火急的事情，總會不急不慢、不慍不火。

由於A型金牛的性情緩慢，一些急性子的人不願和A型金牛打交道，然而，多虧了A型金牛的慢性，促使A型金牛成功的機率會更高，因為A型金牛們做事幾乎不會犯錯。

A型金牛，喜歡誠懇，唾棄故弄玄虛，有著正直的為人原則。A型金牛講義氣，重禮義，做事講求責任。同時A型金牛們無不擁有著堅忍不拔的意志力及耐力。但是，穩重的A型金牛卻也有著自己的偏執，缺乏變通，不擅長隨機應變，決定的事情很難被別人改變，這就難免給生活帶來太多的煩惱。

注意：歷史經驗證明，太過頑固的東西遲早會站不住腳的，那麼放下自己的偏執，學會變通，才會招來好運、好心情。

∫ 金牛運勢

和A型金牛的性情一樣，A型金牛座的運勢趨向為大器晚成型。憑著A型金牛天生持久的忍耐力，以及做事兢兢業業的誠懇與謹慎，再加上埋下的穩固根基，好運總會來到身邊。A型金牛一生的命運曲線不會有太大的起伏，在二十歲到三十五歲以前，運氣較壞，而其中的因素，多半是對自己所選擇的路，產生懷疑和不安所致，可能會牽涉到職業及人際關係，但是，三十五歲之後，運氣會比之前好得多。

憨實的A型金牛並不擅長與異性交往。為此，他們的愛情桃花不會太早開放。但是，只要遇到互相欣賞的人，能夠走在一起的話，A型金牛絕對會對這份感情從一而終。

他們會竭盡全力的滿足戀人的要求，盡心盡力為戀人付出，讓戀人時時生活在感動之中。

A型金牛，只要結婚了就會專心致力於工作和其他的事物，同時，婚後的他們將會更加努力、更加拚命地為家庭付出著。他們的金錢也會因為他們的節儉

而越賺越多。

　　注意：一如既往的堅持自己的追求，成功已經離你越來越近。

　　∫　職場命運

　　做事穩健、認真的A型金牛座，在選擇職業時，首先會考慮這份工作的穩定性以及長久性，他們不喜歡經常跳槽，讓工作的性質變來變去。對於一些過度忙碌的工作，緩慢的A型金牛們也往往避而遠之。

　　由於A型金牛座的人們欠缺開拓精神，不善於表達口才，因此不適合外交或業務方面的工作。但是A型金牛們往往對數字和金錢獨具天才的敏感性。所以，如果A型金牛能夠在會計、人事、總務等實務性工作上或者在金融界中嶄露頭角的話，將會獲得很大的成功。此外，A型金牛超凡的嗅覺、味覺以及美感，適合擔任廚師、雕刻家、畫家、設計師等藝術性的工作。

　　注意：學會表達自己，學會與大眾融合，加強工

作上的人際關係，職場上的你會更出色。

∫ 社交技巧

天生具備誠實而柔和性格的A型金牛，一直注重給別人留下良好的印象。即使他們身邊通常不會有太多的朋友，但是一旦友情成立，將會變得牢不可破。只是，A型金牛偶爾太過頑強與任性了，於是和朋友之間常會產生一些不必要的糾葛。所以，堅韌的A型金牛們，要學會緩和自己的情緒，調整一下自己與人交際的彈性，和朋友之間盡量不要因為衝動而爭吵。

A型金牛，在自己的成長歷程中，將會結識更多的朋友。雖然A型金牛對朋友表現得很講義氣，但是卻有一個明顯的缺點妨礙了朋友關係，那就是只管自己進步，卻不肯幫助朋友共同進步的習性。

A型金牛，雖然表面看來很懂得交友之道，但實際上卻是欠缺包容性和具有很強占有慾的頑固者，所以當被朋友發現這點自我偏執後，多半選擇遠觀而不會與之親近。

注意：改進一下自己的交際能力，學著對朋友多些包容，少些自私。

A型×雙子座

∫ 性格分析

A型雙子座，不僅喜歡自在隨意的生活，卻也鍾情於平靜、安定的的生活。A型雙子座一般天生就具有極好的適應力，無論雙子的性格有多矛盾，卻總能對付的得心應手。但是，在別人看來，A型雙子座的性格是那麼的不可捉摸，本來嚴肅對待的事情卻忽而失去了原則性。

A型雙子座，總是對自己充滿信心，精力充沛的去實踐一件事。做事情的時候又從不盲目服從，懷有大局觀念。A型雙子座的好奇心非常強烈，居十二星座之冠。喜歡對任何事情做進一步的研究。A型雙子座雖擁有不錯的理解力，卻缺乏耐心，做事情不懂得持之以恆。儘管善於交際，但大多都只是泛泛之交而

已，熟的快，忘的也快。A型雙子座對家庭的表現也一向冷淡，既不會對妻子愛得死去活來，也不會對家庭負有太大責任。A型雙子座總是在害怕孤獨與提防他人中矛盾的生活。

注意：切忌在生活與工作中，太過暴露自己的鋒芒。

∫ 雙子運勢

A型雙子座無論在行動力，還是對事物的理解能力，都表現得十分機敏。他們無論做什麼事情，總會有一定的成果。只是，A型雙子座缺乏耐性和韌性，做事情不願意持之以恆，缺乏對真理追根究柢的堅持。所以，A型雙子座的人們一定要儘早建立好自己的人生目標，並要全力打好基礎，這樣才能夠早日實現夢想。

A型的雙子座，往往在愛情中比較花心，他們不但不用心去經營自己的愛情，反而經常與兩人以上的異性同時交往。由此，A型的雙子座較難尋找到並維

持一段真感情。然而，如果A型雙子座想要得到好的
金錢運，那就不要經常為自己的好奇心買單了，應學
會在自己的工作中充分展現自己的才能，才能得到相
應的價值表現。

注意：相信有一分耕耘就會有一分收穫，只有堅
持不懈地耕耘，才會收穫最大的成果，要懂得堅持的
價值。

∫ 職場命運

A型雙子座在事業上的成敗關鍵在於對職業的
選擇。A型雙子座往往由於性格上的隨意與毅力的缺
乏，他們不適合從事需要耐性的單調工作，以及沒有
靈活性的工作。如果不能夠好好發揮A型雙子座的優
勢，即沒能夠好好利用自己敏捷的應變能力的話，恐
怕在事業上很難有太大的成就。

但是，A型雙子座身懷其他星座所不具備的能
力，那就是對情報的搜集及運用的能力。因為雙子座
的守護神又被稱為「傳播之星」，祂賦予雙子座卓越

的有關通訊及傳達的能力。在資訊化飛速發展的當代，A型雙子座恰好能在現代資訊世界中大展身手，他們可謂是天生的「媒體寵兒」。在新聞、電視、雜誌等有關輿論的工作，以及律師、外交官等工作領域，A型雙子座的加盟都會讓自己的才能得到淋漓盡致的發揮。

注意：凡是適合自己的就是最好的，選擇適合自己的職業，才會發揮自己最大的潛能。

∫ 社交技巧

A型雙子座在交際方面比較有天賦，他們的開朗大方、口才流暢，讓他們總是頗具人緣。因為，機敏的A型雙子座能夠察言觀色、投其所好。他們不僅能夠觀察到自己身邊的人在什麼時候需要什麼，他們還能夠根據不同的人進行不同的交往方式。只是，A型雙子座在幫助別人、拉近感情的時候，並沒有想過要和他們深交。

A型雙子座靈活卻缺乏穩定，因此心智不夠成

熟。其實，這個時候的他很需要有一個知交來帶領他走向成熟。因此，交朋友不要只在乎一時之興，交到真朋友才會給自己帶來好運。

注意：人生得一知己足矣，學會對人以誠相待，才能收穫摯友，收穫好運。

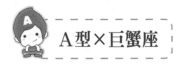

A型×巨蟹座

∫ 性格分析

A型與巨蟹座組合在一起，彷彿是一種保守的強大聯合。A型的性格喜歡穩定、崇尚團結感，巨蟹座比起其他星座來說，喜歡安全感又比較重視國家、家庭和朋友等的集體利益。這兩種相似的個性疊加在一起，使A型巨蟹座變得更加重視原則，樂於遵守社會法規及重視生活常識，喜歡安安穩穩的生活。A型巨蟹一直懷有顧全大局的大器，以及團結集體的領導風範。A型巨蟹喜歡傳統，容易念舊，不喜歡接觸新鮮事物，不喜歡與陌生人打交道。於是，A型巨蟹的交

際圈會相對封閉一些。

由於月亮是巨蟹座的支配星，而月亮主掌人類的感情，象徵著母性的愛。所以，A型巨蟹座的心中總是充滿大愛，樂於助人；感情細膩，有悲天憫人的胸懷。但是不可輕視的是，A型巨蟹感情太過豐富容易引發敏感情緒，做事情極容易缺乏理性。如果突然有件事讓自己不開心了，A型巨蟹會很容易一頭鑽進牛角尖，然後鬱悶的難以自拔。

注意：衝動是魔鬼，學會駕馭自己的情緒，而不是讓情緒來左右自己。

∫ 巨蟹運勢

巨蟹座一生的運氣整體還不錯，他們對家的熱愛致使他們的家庭很和睦，與父母、妻子、兒女之間的關係都不錯。巨蟹座的人大部分是比較有福氣的人，與家人在一起，幸福感會不斷增加。

但是，A型巨蟹座往往也會由於自己的性情而帶來一些煩惱。比如，巨蟹座的已婚者與另一半討論事

情的時候，因為固執己見，總會引來爭吵；當事業中遇到挫折的時候，因為慌張而不知所措；進行物質消費的時候，盲目追求高品質。這些都會給自己的生活與工作帶來太多的不愉快。

另外，過分注重家庭關係的A型巨蟹座，偶爾會忽視人際關係的和諧，這將會嚴重阻礙你的發展。因此，鞏固一下你的人際，放寬心態，不要太過感情用事，才會加強你的成功根基，才會讓自己有更大的發展。

注意：社會是由人來組成的，學會與人相處將會使自己受益終生。

∫ 職場命運

A型巨蟹座的職場命運與自己的性格特徵息息相關。螃蟹總是習慣隨遇而安的愜意，而A型巨蟹座就如這隻螃蟹一樣，喜歡待在一個舒適、安全的環境裡。所以，最適合A型巨蟹座的工作就屬有關建築或室內設計的工作了。

A型巨蟹座最大的性格就是擁有母性，重視家庭，懂得付出。因此，A型巨蟹座的人們也非常適合從事與感情關懷有關的工作，比如：護士、保姆、小兒科醫生等等。當然，對講究飲食的A型巨蟹座來說，從事一些廚師、烹飪老師等的工作也是不錯的。

職場上，A型巨蟹座給人善於溝通，樂於與團隊合作的印象，再加上端正的工作態度讓他們很容易得到同事的認可。只是，他們有時候容易把工作的事情與私人情緒混合在一起，嚴重影響工作的進展。

注意：做事情要講求公私分明，切忌將其混為一談。

∫ 社交技巧

重視原則、穩重保守的A型巨蟹座，對於社交問題並沒有解決的很好。畢竟，他們繼承了A型的保守與巨蟹座的安定，所以他們很樂意把自己封閉在一個習慣的環境裡。

但是他們很看重真正的友情，一旦有了值得信賴

的朋友，他們便會對朋友無微不至的關懷著。

由於A型巨蟹座重家的本性，他們會一切以家庭的利益出發，如果自己的孩子在外面惹了什麼是非，他們會極力袒護自己的孩子，這可是構成人際關係惡化的一大障礙。

愛護孩子固然正確，但是過於庇護孩子的成長，不管對孩子還是對你來說都是不夠理性的。

A型巨蟹座喜歡以自己的好惡作為標準來判斷是與非，只願意與自己情投意合、談得來的人交往。

另外，雖然A型巨蟹們很看重金錢，但是不要總是對朋友太小氣，有時花點交際費會讓自己得到更多，有付出必有回報的真理永遠不會過時。

注意：試著改變一下自己的情緒化標準，學會理智、包容地對待一切，將會收穫更多的朋友。

A型×獅子座

∫ 性格分析

A型獅子座，擁有相當奇特的性格，時而消極時而積極，能顯出浪漫氣質的同時也能顯出A型所具有的內向害羞的一面，讓人難以捉摸，略顯神祕。

但是對絕大多數A型獅子座的人來說，開朗的活潑的獅子座個性往往能壓住A型的樸實靜謐，尤其在外在行動中更能呈現獅子座的個性。

A型獅子座擁有獅子般強大的信心，但是過大的自信往往會導致自大，在虛榮的影響下，經常會表現出自以為是的心態。這種王者心態往往從小時候就表現出來，直到來到工作崗位上也是如此，A型獅子座永遠是站在頂點的領導人物。

A型獅子座中也有少數人是A型特徵較為顯著的類型，胸懷寬廣、內斂，這往往會給別人留下保守印象。也是因為這種保守，讓A型獅子容易受別人蠱惑、煽動的弱點也很明顯。這種性格再加上A型的強烈自我保護傾向，可能會讓A型獅子變成一個暴君，往往會去欺負那些善良弱小的人，這與A型獅子的內

心是截然相反的。A型獅子很容易受到奉承的慫恿及諂媚，從而給了別人假借自己之手完成邪惡念頭的機會，而A型獅子自己可能往往是被人賣了還幫人家數錢，任由別人利用、擺佈。

如果你是獅子座，那就轟轟烈烈地開創自己的新天地吧，因為A型獅子的性格具有開創和領導精神，同時保守的形象又有助於被社會所接納。

注意：忠言逆耳利於行，莫不可讓花言巧語蒙蔽了自己的雙眼。

∫ 獅子運勢

獅子座由太陽神阿波羅管理，所以頗具陽光、熱情、自信、大方的特質。A型獅子座整體運勢是比較不錯的，他們最終能夠憑藉自己的力量建立起不錯的名聲、地位和財富。雖然，獅子座的人天生具備領導的能力，但不能驕傲自大，自大只會讓自己受挫。所以，要想獲得別人的認同與尊重，請放下一點身段，改變一下自己的固執。

　　A型獅子座的人生運勢呈現先低後高的趨勢。他們往往在幼年時期就要經歷生活的艱辛，到了成年的時候，卻又經歷不得不向別人低頭的場面，此時的自尊心會受到嚴重打擊。

　　但是，只要努力把握好二十歲到三十歲的這段事業黃金時期，積極爭取機會，盡力發揮自己的才能，你會賺到豐厚的財富與地位。

　　注意：認真對待所經歷的苦難，苦難會造就自己的成長、成熟與成功。

∫　職場命運

　　天生能力高強的A型獅子座，由於受到太陽神的庇護，難免有些自傲。A型獅子座喜歡組織並領導別人，希望看到手下有一大批人在聽自己指揮，但是，生性固執的A型獅子座，不太樂意與別人進行溝通協調，這會嚴重影響自己的決策力。

　　A型獅子座擁有自信的傲骨，喜歡用表演來將它淋漓盡致的表現出來，所以A型獅子座的人倘若從事

演員、歌手、模特兒等工作的話，會比較有所建樹。此外，A型獅子座天生愛好熱鬧華麗、對美有獨到的欣賞與挑剔，如果從事珠寶、皮革等高級精品事業也有不錯的運氣。同時，A型獅子座敏銳冷靜的頭腦和充沛的精力、體力，有成為一名成功的企業家、政治家或商人的潛質。

所謂金無足赤，人無完人，A型獅子座太過獨斷專行，不願意接受別人的指導與建議，勢必影響自己的事業。所以，要想事業名譽雙豐收的話，就要在自己的性格中多發揮一下A型的特質。

注意：不要太過孤高自傲，嘗試著虛心接受別人的指導與建議。

∫ 社交技巧

A型獅子座的人，天生陽光、豪爽、大器，很容易結識新朋友。即使對於初次見面的人，他們也能在頃刻間與之高談闊論起來，給別人的印象往往是胸懷寬廣、氣魄雄偉。

他們天生出色的領導才能，往往會吸引很多志同道合者的加入。對待朋友，他們熱情包容，對待敵人卻有著秋風掃落葉的殘酷，因此更能夠得到朋友的擁戴。只不過，他們強大的自尊心常常促使他們獨自發號施令，不與他人進行有效地溝通，缺乏組織協調性，這就容易在集體中樹敵，影響自己的威名。

所以，A型獅子座的社交能力都是很強的，只是不要總是看重自己的意見，多徵求一下他人的看法，不僅不會降低你的領導風範，反而會提升你的道德名望。

注意：有自尊是對自己的維護，但自尊心過強則會對自己造成傷害。

A型×處女座

∫ 性格分析

A型處女座純潔而善良，謹慎而怯懦，他們有豐富的知性，做事一絲不苟，有旺盛的批判精神，並且

有潔癖，不喜歡別人侵犯其生活空間。他們外表安靜
沉默，具有A型的特質，對外界的衝突，總是採取逃
避的方式，那是處女座膽怯和孤獨的本性使然。但只
要自己能夠確定的事，便會比較大膽。他們做事不喜
歡半途而廢，對任何事都有自己周密的規劃，然後一
步步地實施並完全掌握。他們好學、求知慾旺盛，做
什麼事都很投入，而且擁有極好的口才。

A型處女座由於過度潔癖，有點挑剔又追求完
美，因而眼裡容不下一點汙穢或醜陋的事情。他們對
事物具有敏銳的洞察力、正確的判斷力，自尊心極
強，非常自負，但事實上A型處女座缺乏信心，在潛
意識裡認為自己不夠美好。

注意：完美的事物是不存在的，其實缺陷也是一
種美，不要對自己要求太嚴格了。

∫ 處女運勢

A型處女座的學業運超好，他們的天賦就是學
習。他們擁有超凡的智慧，善於研究學問並分析學習

各種事物，能夠從舊有的方法中找出新的方法，他們能將一切事物抽絲剝繭，找出更好的方法來解開謎團。當運勢低迷時，A型處女座好高騖遠，固執倔強，可能會迷失方向。同樣，由於高人一等的財務觀念，他們的金錢運勢良好。據統計，世界上的億萬富翁中，以A型處女座居多，由此可見他們財運的確非同一般。

注意：遇到挫折的時候，放下一點倔強，冷靜會讓你保持前進的方向。

∫ 職場命運

A型處女座的人工作勤奮、比較務實，不僅心思慎重，還有樂於助人的天性，天生具有服務精神。因為有一股來自精神的力量支撐其行動力，所以在職場上他們看起來總是忙得不亦樂乎。大多數人在同一工作崗位上待久了，都會覺得無聊乏味，想要換個職業，但是A型處女座往往會安之若素，樂在其中。

A型處女座天生便具有卓越的辦事能力，做事一

絲不苟,具有堅定踏實的作風,很適合祕書、會計等工作。他們在團隊裡屬於默默耕耘的類型,雖不耀眼,但卻是不可缺少的角色。他們外表沉默,具有銳利的批判眼光,工作絕不草率行事,做事有始有終,因此能得到上司的認可和同事的肯定。但有時過於謹慎的個性,使得行動看起來不積極,在職場中可能會阻礙成功。

　　注意:做事情講究分寸,謹慎固然好,但過於謹慎會阻礙成功。

∫　社交技巧

　　一般來說,由於吹毛求疵的天性,A型處女座凡事總喜愛批評一番,還往往一針見血,不留任何餘地,令人感到難堪。長此以往,在人群中他們多少會受到排斥。他們是完美主義者,有點神經質,平時會格外留意細小的事情,有時情緒會焦躁不安,和A型處女座的人在一起令人疲憊不堪,無法忍受。

　　因此,在人際交往中,A型處女座千萬不要動不

動就挑他人的毛病，或者口氣刻薄地談論別人的缺
點。只有凡事學會大度，以容忍的態度與人相處，才
會為自己贏得不錯的口碑。

注意：給別人留點面子，也是給自己留有餘地。

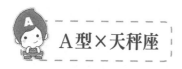

A型×天秤座

♪ 性格分析

A型天秤座個性堅強、聰明、上進、具有非常靈
活而好質問的腦子，常有非凡的構想。有優秀的平衡
感和公正的判斷力，善於協調，八面玲瓏，頗有社交
才華。他們企圖平衡、整合各種要素，以達到最佳的
結果；他們具有卓越的審美觀，十分厭惡人世間醜陋
的一面，無論何時何地都不忘記留給別人美好的印
象。

A型與天秤座的組合，有許多背道而馳的地方，
所以A型秤子們可能會擁有兩面性格。A型不喜歡無目
標的生活，認為只有按部就班向人生目標邁進才會有

充實的感覺，他們格外重視平時努力所獲得的成果。但天秤座是典型的風象星座，想到哪裡就到哪裡，不被周密的計畫束縛，他們天性熱愛自由，嚮往無拘無束。A型天秤座誠實溫和，是個理想主義者。他們的優點是心地善良，有古道熱腸和同情心，處事力求公正與中庸，不願偏激；缺點是優柔寡斷，過分追求高雅的生活，因循守舊、注重瑣事、缺乏堅定性。

注意：做決定學著果敢一些，做事情試著鑒定一些。

∫ 天秤運勢

A型天秤座在學業方面全面發展，特別是數理、語言等學起來簡直是如魚得水，毫不費力。這要歸功於他們善於理解、充滿藝術氣息的大腦以及喜歡質疑和提問的性格。在運勢方面，工作運還算穩定，少有波折，在事業上的發展屬於中年運，三十歲之後是成功與否的關鍵，同時也會影響晚年時的成功與安定。這個時期至關重要，三十歲左右時如果能全力以赴衝

刺一番，事業上將會打開一片新的天地。但如果走彎路，或者努力不夠，就會平平淡淡地度過一生。或許是由於不甘寂寞的個性和優雅的氣質，他們的愛情運勢相當不錯，經常在不知不覺中贏得他人的愛慕。

注意：平穩的人生，更不可大意，要多努力，多請教，少走彎路，人生才會在平穩中得以綻放。

∫ 職場命運

由於A型秤子們十分注重服飾及儀態的優雅，所以並不適合勞力型的工作，他們對工作環境的要求也相當高，必須置身於清靜優雅的環境。A型天秤座的人天生具有藝術細胞和創造力，有令人激賞的音樂及藝術天才，假使能控制對享樂的沉溺，必可獲致此方面的成功。此外，任何需要專業技能和溝通能力的行業都能給A型秤子們提供發揮天賦的舞臺。

A型秤子們絕不輕言放棄，他們若想使自身的能力獲取他人的認同，關鍵是將積極能幹的形象展示給他人，用自己的工作實力證明自己的才能。對於上司

來說，大都喜歡工作有熱情，接受任務時不打折扣，
積極主動地克服困難的人，而A型天秤座正是這種典
型。他們始終是保持一種高昂的工作熱情，留給上司
的總是「積極而又能幹」的形象。儘管他們的工作能
力相當不錯，但偶爾缺乏衝勁，以致會給人散漫、消
極的感覺，在職場上這樣可能不會被委以重任。

　　注意：在選擇職業時，一定要找一個興趣相投的
工作，如此才會積極主動，保持對於工作的熱忱，提
高辦事的效率。

∫　社交技巧

　　很少人能完全擁有A型及天秤座的優點，也很少
人能同時表現A型及天秤座的缺點，通常都會形成微
妙的組合。如果兼具A型的踏實穩健和天秤座的優雅
自然，則將表現出有教養、有魅力的形象，令人十分
著迷。他們待人接物和藹有禮，交際手腕圓滑巧妙，
很快便能獲得別人的信任和好感。在社交中會贏得人
們的敬仰及推崇。

但如果擁有是A型的嚴肅拘謹和天秤座的散漫，則會成為一個不易相處的人。他們自尊心極強，一經別人指出缺點，便立刻惱羞成怒，態度十分不友善。因此給人任性而不講理的感覺，也缺乏人情味。

注意：千萬要學會克制情緒，不要鑽牛角尖，以免使得身邊的人疏遠自己。

A型╳天蠍座

∫ 性格分析

用「動如脫兔，靜如處子」這句話用來形容A型天蠍座的人是最貼切不過了。他們愛恨分明，擁有極端的個性，同時也是個十分理性並且沉默的聆聽者，本質裡溫柔善良，內心有正義感，喜歡幫助別人。他們平日裡性情內向、保守而安靜，沉著、溫和而從容，不熱衷於交際，終日躲在自我的小天地中，極富神祕色彩。然而內心深處潛藏的熱情，往往不遜於任何人，與冷酷淡漠的外表是兩種截然不同的風貌。

A型天蠍座的人充滿羅曼蒂克的情緒,但並非一味沉醉於不著邊際的夢幻中。他們最無法忍受碌碌無為的生活,喜歡憑著自己豐富的想像力去幻想,描繪未來理想的藍圖。當他們內心激蕩著熾熱情感時,對於比自己優秀的人,會產生瘋狂的嫉妒心,而且這種強烈的嫉妒心很快會轉化成仇恨,在沒完全打倒對方之前絕不肯輕易罷手,而且A型天蠍座的人也絕不容許被別人背叛。

注意:嫉妒心是一種不健康的情緒,學會正視自己的對手,懂得打倒對手最好的方法是強大自己。

∫ 天蠍運勢

對於A型蠍子們來說,事業上偶爾的不順並不是很糟糕,因為他們會有許多新奇的想法或計畫來沖淡失意。儘管有時也會被這些想法和計畫搞到疲憊不堪,來不及去清理自己的情緒,但整體上是有能力處理這類事情的。在金融投資方面的運勢也算是還可以,但卻時常遇到驚險的事。A型蠍子們年輕時候美

好的氣度和魅力使得他們不乏愛慕者，在愛情方面他們是永遠處於主宰地位的一方。

注意：面對消極事情，用一顆積極的心去對待。

∫ 職場命運

A型天蠍座需要經常不斷地處於忙碌之中，喜歡親自動手去做，喜歡改善自己的工作和生活環境；喜歡更新自己的想法，他們的工作環境絕不容許任何外人入侵。職場上的A型蠍子們企圖心旺盛、行事風格極端，但外表卻是內斂沉穩、謹慎認真，其實明眼人能一下子就看出他們是狠角色，野心很大，有強烈的權力慾。A型蠍子們總是不計代價想要成功，用盡全力去爭取所要的東西，而且往往是低調行事，擅長放冷箭，讓同事中招了還不知道是誰做的。

對人性觀察十分敏銳的A型天蠍座，能在短短的時間裡看出對方的整體性格特質。擁有這樣的天賦，在職場生涯中當然是自信滿滿，一路高升。但是一定要切記，天外有天，人外有人，有時也會遇上高手，

可能自以為了解別人，但到頭來卻發現還是被自以為瞭若指掌的人擺了一道。

　　注意：職場中可以自信滿滿，但不能自以為是。

∫　社交技巧

　　A型蠍子們獨特的感染力及熱情使他們可以交到很多真心的朋友，因為他們一旦確定目標就會勇往直前，這種堅韌的性格會讓別人樂於與其相處。他們在與人交際中很懂得拿捏分寸，比較有原則，是個不貪小便宜並且有恩必報的人，但是由於天性嫉妒心強，可能給人留下陰沉的印象，不易被大家接受。

　　注意：要注意收起陰沉、冷酷的一面，以便使自己更加地融入周圍的人當中。

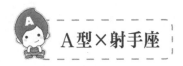

A型×射手座

∫　性格分析

射手座和A型兩方面的特徵融合起來會形成令人

捉摸不定，難以理解的性格。射手座生性樂觀、開朗，做事積極、進取且精力充沛，為追求自由奔波不懈，獨立精神很強，喜歡我行我素，最討厭被拘束。而A型的性格卻恰巧相反，A型人相當注重傳統道德及社會規範，無論任何事情都能以沉著冷靜的態度去對待，極少超出常規，過著規矩的生活。而且射手座本身是一複體星座，具有雙重性格，有時大膽，有時拘謹，有時愛追求真理，有時又沉迷於玩樂之中。這種複雜的雙重性格，加上重視現實的A型氣質，常常會讓人感到莫名其妙。

A型射手是知性與理性的結合體，他們對理想的追求十分執著，得不到似乎很難甘休。他們幾乎都是獨立而閒適的個體，友善奔放的性格在人群中一直深受歡迎，「不善修飾，率性而為」是其最鮮明的特徵。了解他們的人對其直率無心之言，不僅能夠體諒反而覺得這正是可愛之處，但不了解的人常會為此而生一場悶氣。

此類型的人頭腦反應非常靈敏、迅速，頗令人招

架不住，不過也有缺乏耐性、自我誇耀、缺乏責任心的性格弱點。

注意：對自己有耐心，做事情要有責任心。

∫ 射手運勢

A型射手座除了要對抗生活的挑戰之外，在工作運勢上，必須更加強掌握問題核心。由於生活負擔過大，體力與工作的效果容易打折扣，所以一定要發揮耐心。這對他們來說是最難的，要隨時保持成熟優雅、大器的精神，否則可能錯誤百出，事倍功半。A型射手的財運向來不錯，會有獲得巨額財富的可能。

注意：隨時保持成熟優雅、大器的耐心，做事情才能事半功倍。

∫ 職場命運

A型射手座的人在工作中需要很大的空間讓他們活動，喜歡自由無拘束的工作環境。幽默的他們常常為辦公室裡的人帶來許多歡笑，他們不喜歡嚴肅的氣

氛，也不喜歡權威和官僚制度。在A型射手精神抖擻地向前衝時，千萬別忘記要謙虛。因為就算你是公司的得力人才，公事還是必須公辦。對待下屬和同事，如果壓不住，那就充分授權，讓他們各司其職。

A型射手在職場上做事的效率快得像隻豹，總是活力四射，對人友善又豪氣，讓人忍不住想與其稱兄道弟。正是這樣的個性，使得能夠與客戶之間互建立比較好的交情，就算沒做成生意也會變成朋友。如此在推廣業務時有如神助，在職場中前途一片明亮。

注意：職場中懂得謙虛，才能夠更快的上進。

∫ 社交技巧

A型射手為人慷慨，待人友善，所以他們並不缺乏朋友。樂觀的天性、豐富的幽默感使得有他們在的地方必定充滿歡笑，不過若遇到難以解決或無法掌握的事時，就會做事衝動，缺乏耐性，長久下去可能性情急躁，宛如暴君一般，令人有難以靠近之感。

因此，A型射手們在與人日常交往中，一定要時

時控制自己急躁衝動的脾氣,把自己真誠、率真,與人為善的優點展現出來,讓別人更深刻地了解自己。

注意:學會如何控制自己熱情又多變的極端性格,適時地表達喜、怒、哀、樂,也是獲得廣泛而穩固社交關係的關鍵。

A型×摩羯座

♫ 性格分析

摩羯座有如大地一般的堅實、穩固及包容,再加上A型本身所具有這種特徵,一般會表現出內向,略帶憂鬱、孤獨、保守的特點,常會裝出高高在上或是嚴厲的姿態以掩飾自己內在的脆弱。A型摩羯意志堅定、有時間觀念、有責任感、重視權威和名聲,有過人的耐力;欠缺幽默感,重視現實利益及物質保障,是屬於大器晚成的類型。他們極端現實,為了實現自己的目標而不懈努力,是典型的埋頭苦幹派。他們也具有強烈的社會責任感,喜歡擺出一副憂心忡忡的樣

子。

A型摩羯座不易為環境的困頓所擊倒，更不會心灰意冷而裹足不前，而是以與生俱來的韌性，默默承受，逐步朝成功的目標邁進。他們堅信付出總是有回報的，總是以堅忍不拔的精神和孜孜不倦的態度去工作。為達既定目標對於挫折不屈不撓的堅毅個性，正是A型摩羯座特有的優點，但若是固執且過於慎重和優柔寡斷，有時會致使錯過垂手可得的機遇。

注意：過分謹慎，反而會錯過機會。

∫ 摩羯運勢

A型摩羯座工作熱情飽滿、幹勁十足。工作中表現非常活躍，在完成工作同時，還會給大家帶來不少的歡聲笑語。偶爾會遇到一些小挫折，若能堅持下去就會獲得不錯的成績。他們思維也很活躍，在某些問題上有自己獨到的見解，因而學業運勢也很不錯。雖然A型摩羯座財運不錯，但在投資理財方面會遇到較多難題，需要冷靜、用心地處理。

注意：面對挫折，迎難而上，將會為自己帶來日後的好運。

∫ 職場命運

不適合A型摩羯座從事的職業有外交官、設計師或與大眾傳播有關的工作，這些職業都需經常交際應酬，跟他們的個性不符，且容易被虛華不實的環境所影響。他們如果能專心致力於工作，就會有卓越的表現，這也是獲得成功的關鍵。

許多其他星座和血型的人因為孤獨而難以應付落在身上的責任，而對於A型摩羯座來說，可能喜歡獨自坐在辦公桌前，並且與最親密的同事也保持一定的距離。有時候他們缺乏靈活性，為人死板，容易被同事或周圍的人敬而遠之。如果有任何事削弱他們的權威時，也會感到異常痛苦。儘管不是所有的A型摩羯座都如此獨斷，但不可否認其性格中存在這種成分。

職場上的A型摩羯座任勞任怨、勤懇踏實的工作態度容易博得上司的好感，然而與同事之間的關係比

較僵硬。

注意：職場上的人際關係需要加強。

∫ 社交技巧

A型摩羯們認為這個世界上最靠得住的就是自己，不易相信和接納別人。由於對別人的不信任，因此很少有知心的朋友，生活相當孤獨。他們天生具有堅韌的毅力，最後極有可能登上勝利的寶座，會受到別人的喝彩和歡呼。但如果過於努力地埋頭苦幹，容易給人獨善其身的印象，會使人際關係受損。而且若是一味地只顧工作，會忽略身旁許多可愛的人和事，也會給人一種老頑固的印象。

注意：嚴以待己的A型摩羯座不要忘記寬以待人，做事要變通，盡量有彈性一些，這樣會更有助於人生。

A型×水瓶座

∫ 性格分析

在星座與血型的配合上，以A型及水瓶座的搭配最為極端，是兼有兩種極端性格的一種類型。其性格成了強烈的對比，在日常生活中會顯露出矛盾而不協調的一面，比如說有時雖持有獨特的見解及思想，但是在行動上卻無法突破，依然按照舊步調走。水瓶座有創新精神，而A型人卻思想古板，墨守成規，不輕易突破現狀。兼有這兩種特質的A型水瓶座的行為往往缺乏連貫性，令人感到莫名其妙，這說明A型水瓶座在思想及行為有兩極分化的可能性。

A型水瓶座才華橫溢、聰敏過人、喜歡沉思，具有客觀的觀察力，積極的求知慾，堅定的意志力和正確的判斷力；個性剛正不阿，公正無私，為朋友的事情可以兩肋插刀，但是他們最大的缺點就是過於重視理想，可能會被誤認為是個缺乏情感，自命不凡的人，讓人感覺難以親近。

注意：過分的冷靜和理智也會造成與社會的疏離感，容易被誤解為薄情寡義，這對於人際關係來說，

具有相當負面性的影響。

∫ 水瓶運勢

不管是在工作、學習、生活環境中，還是周遭的人事，原來做事的方式等方面都會面臨著一些挑戰。對水瓶座的人來說，這些挑戰算是新的經驗，需要花時間去學習、適應。A型水瓶座的人整體運勢頗佳，尤其在事業和學習方面，很可能會開拓出一片新天地。博愛開朗、明理懂事、尊重他人的性格特點也會為他們帶來一帆風順的愛情運勢。

注意：適應新挑戰，打造成長中全新的自己，才會讓自己的運勢節節高升。

∫ 職場命運

A型水瓶座兼具豐富才能與積極進取之心，只要從事適合的工作，便可望成為該行業的佼佼者。他們喜歡按照自己的方式去做自己該做的事情，而不希望受到外部建議的干擾。他們很有抱負，善於從事能表

達人文關懷的行業，因而能夠成為出色的社會工作者和福利機構管理者。管理嚴格的大型企業，或官僚主義盛行的職業場所，則不適合A型水瓶座愛好自由，不受拘束的性格。

水瓶座的A型人具備了各方面的才能，應選擇適合自己才華和愛好的工作。他們的理想工作環境必須能給他們足夠的空間和自由，但現實中很難找到這樣的環境，所以他們很少在一個地方待很久，常四處遊走，學習和經歷不一樣的事物。由於水瓶座與A型在性格上的雙重性，他們在工作中會給人一種善變、辦事不牢靠的感覺，因此經常不會被委以重任。

注意：想加強自己的職場角色，那就多學習辦事情的執著與穩重。

∫ 社交技巧

A型水瓶座的社交關係屬於博愛型，會有很多朋友，但是和他們最要好的朋友，是相處最久的人。他們富於知性和理性，善於分析與思考，具有思想家的

氣質，因此天生有清晰冷靜的頭腦和豐富的創造力，對事物有獨特的見解，與他們交往常會不自覺地受到影響。不過A型瓶子社交的致命缺點是三分鐘熱度，容易讓朋友產生被利用或被忽視的心理。

所以，A型瓶子和他人相處時，最好能多收斂一下凡事要求理性的個性，多用帶感情的眼光看世界。同時也要多多關心身邊的朋友，讓他們看到自己細膩柔軟的一面。

注意：多收斂一下凡事要求理性的個性，多用帶感情的眼光看待世界，那麼將會擁有令人刮目相看的社交人際。

A型✕雙魚座

♒ 性格分析

A型雙魚座最典型的特徵是善解人意，他們想像力豐富，具有詩意的情懷，反應迅捷，思維靈敏，樂於助人，很不會拒絕別人。A型雙魚看到別人有困

難，必定會伸出援助之手，即使因此受到牽連也絕不後悔，他們具有「人溺己溺，人饑己饑」的胸懷。A型雙魚除了給人善良、慈悲的印象之外，還有十足的神祕氣氛，那些獨特的想法很讓人摸不著邊際，無法理解。A型雙魚平時給人的特點是深情易感，浪漫多情，這是來自守護星海王星的影響。

A型雙魚最大的缺點是逃避現實，缺乏面對問題的勇氣──他們往往意志不堅，猶豫不決，沉溺於幻想，不切實際，可能會陷入腳踏兩條船的窘境。

注意：多情切不可多疑，愛幻想切不可等同於生活，生活要求的是實實在在的東西。

∫ 雙魚運勢

A型的雙魚座外表是有點靦腆，謙讓、文靜而含蓄。他們的學業運超好，在各種考試都有不錯的成績表現。工作運勢也比較理想，在職場上會有許多創見、點子或是發明，而得到他人的認可也不是問題。A型雙魚座的戀愛運勢一般，容易陷入三角戀當中，

由於過於敏感的特質會增加戀愛中的困惑和煩惱。

注意：發揚自己的優勢，學會懂得趨利避害。

∫ 職場命運

A型雙魚座的人，充滿了夢幻情思，具有不計得失，服務人民的博愛精神，如果能將天賦發揮出來，則不難自成一家。適合的職業有畫家、小說家、詩人、音樂家等，另外諸如美容師、服裝設計師、模特兒等主導流行的職業，也很適合A型雙魚座的人。A型雙魚座的人不太善於組織工作，比較願意做一些默默無聞的幕後工作。他們能夠強烈察覺到別人的痛苦，喜歡幫助弱者，有成為伸張正義的律師的潛質。

強烈的事業感也會令A型雙魚座的人進入醫院或者宗教機構。

A型雙魚座的人是極度敏感的一群，在職場上容易受到排斥，也會不自覺地被捲進其他同事明爭暗鬥的漩渦當中，應該提高警惕，盡量避免事端和麻煩。

注意：不要太過敏感，坦然的生活，也會讓自己

身心愉快許多。

∫ 社交技巧

A型雙魚座的人善於交際，應付環境的能力高人一等，容易獲得極好的人際關係。他們對人親和、善解人意，也總是耐心聽人傾訴，讓人感覺很窩心。但是偶爾也會沉迷於夢幻般的想像中，而忽略與身邊的人們進行交流。A型雙魚座的人要在充當傾聽者的同時也多多表達自我的內心感受，向他人敞開心扉，讓人更好地理解自己。對於A型雙魚座的人而言，不擅拒絕、不夠果斷的個性，使他們有時吃了悶虧也只好認栽，真是「啞巴吃黃蓮——有苦難言」。

注意：在和人交往時，最關鍵的是堅持自己原則的底線，在出現不同意見的時候大聲說「NO」。

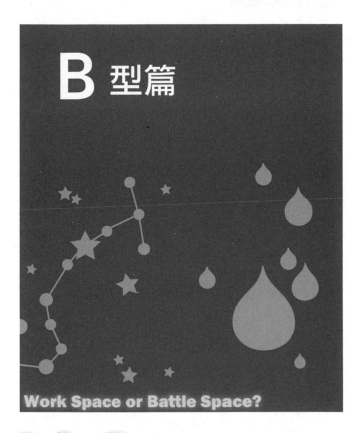

B 型篇

Work Space or Battle Space?

Zodiac Signs vs.

Blood Types

B型人七宗「最」

♪ 最樂觀

B型人大多具備樂觀的天性，他們樂觀、開朗、充滿自信，從不因為一時的失敗而失意，也不因為不斷的挫折而屈服。他們在困境面前表現出更多的是一種自信與堅毅，並能將這種樂觀傳染給周圍的人。他們大多意志堅強，目光敏銳，頭腦也異常冷靜，這些都能幫助他們迅速地度過困境走上成功之路。

♪ 最有創意

有一部分B型人身上富有創意的特徵比較突出，他們思想活躍，富有創造性，充滿幹勁，而且具有強烈的好奇心，勇於冒險、敢想敢為。他們常能產生一些新奇的想法，並能夠用創新而卓有成效的方法來解決問題、完成任務。他們對那種遵從固定程式、機械地重複過去的方式沒有興趣，所以他們常被稱為「創

造者」或「創新家」。

這部分B型人尤其是在困難時期，能以已有的經驗、知識為基礎，不斷摸索，發現解決問題的新辦法，從而不斷地前進。為了充分發揮他們的創造力，他們最需要做的，除了集中精力、果斷行動外，更重要的是注意綜合能力的提高和加強，只有這樣才能達不斷提高創造水準。

∫ 最叛逆

B型人性格反叛，這是眾所皆知的事情。他們從不受制於陳規陋習，敢於逆流而上，經常反其道而行之；他們敢於打破常規，另闢蹊徑，踏入別人不敢問津之地；他們不理會一切教條或訓誡，以自己的喜好為重，有些人會因此開創自己的風格，走上成功的道路，但大多數往往會為了自己所謂的堅持而「眾叛親離」。

敢於逆流而上的反叛者與思想活躍、敢於創新的創造者有所不同，創造者對已有的經驗有接受能力，

而且可以把這些經驗運用到新的創意上去。而反叛者
則是打破常規，標新立異，他們甚至會對已有的經驗
完全拋棄，而獨樹一幟。

∫ 最狂放

在各種血型當中都能找到狂放之人，但在B型人
中，性格狂放者居多。在內心強烈的自我肯定意識的
支撐下，他們對別人的品頭論足毫不在乎，對自己的
言行充滿自信，敢於承擔責任。

不過，這類型的B型人在強烈的自我發洩下，容
易對社會、人類產生較強的抵觸傾向，比較容易形成
憤青。這類型的B型人大多才氣橫溢，一生中能留下
不朽的作品。

但是，具有狂放性格的B型人，做事充滿激情，
容易堅持自己的理念不肯作出改變，因而顯得缺乏變
通，一生中難免會遇到失意和痛苦。

∫ 最愛幻想

人人都愛做夢，都希望能把夢想變成現實。無數事實證明，人類各行各業的傑出代表絕大部分都擁有偉大的夢想，並在夢想的支配下不斷地付出努力，最終達到或接近最初夢想。在各種血型的人當中，B型人是屬於最愛幻想的類型，他們想像力豐富，經常遨遊在天馬行空的世界裡。因為愛幻想，所以也具有很強的創造性。

不過，如果過分沉迷在幻想的世界裡，性格很容易變得怪癖，與這個社會格格不入。所以，這部分B型人注意不要過分放縱自己的思路，而加以收斂，這樣更容易回到正軌上來，有利於新事物的開創。

∫ 最坦誠

B型人性格中有坦誠、豪爽、快言快語的一面。他們將氣質特徵直接表現出來，為人坦誠，從不遮掩、拐彎抹角。他們對所有的人都一視同仁，不存偏見；他們做事講究誠信準則，待人真摯，能和可信賴的人架起心靈的橋樑，以此打開對方的心扉，進行合

作共創偉業。但是，太過坦誠的B型人有時候容易得罪人，被人家利用。

∫ 最善交際

在協調人際關係方面，B型人顯然優越於其他血型人，他們不愧為人際關係的高手。會說話、機靈、富有協調性是B型人的顯著特徵，他們灑脫好動，感性靈敏，喜歡成為全場焦點，有強烈的表現慾，而且適應能力較強，行動也極為迅速，善於處理各種複雜的人際關係，人緣往往很好。他們是天生的「外交家」，B型人的這個優勢對他們的人生和事業有很大幫助。

不過B型人在交際中可能缺乏計劃性，顯得較輕率，所以B型人在靈活灑脫中再添加些理性與謀略會更成功。

B型，職場中的自由人

　　職場中，B型人性格上的優勢是想像力豐富、果斷、處理事情乾淨俐落、有毅力，但不足之處是性急、極端、自我中心、隨心所欲、把事情想像得太簡單。B型人對於自己喜歡的事物會表現出驚人的集中力，所以能很快完成。但是，有時候B型人容易受情緒影響，做出大家不認可的事情，容易被誤解。

　　B型人喜歡別出心裁，以獨創的方式進行工作，不大喜歡與人合作、集體討論專案，又不喜歡單一呆板的環境，不太愛遵守紀律與規則，所以，B型人是天生的自由派，適合從事創造性的工作。

　　有時候，B型人對於上級指派給自己的「不得不做」的事情很懶散，而對於與自己關係不大的「不得不做」的事情卻很勤快，而且會拚命地儘快完成。

　　關於事業，B型人覺得遲早會取得一定的成就，於是經常把「立業」這個問題留到明天思考，今天先好好睡個覺。另外，B型人比較自我的一點就是，如果工作中有令他不愉快的地方，他會毫不惋惜地辭掉這份工作。在遭受失敗後，B型大多選擇逃避，需要

很長的時間尋找勇氣來面對。

B型屬於完美主義者，對人或事的態度是比較謹慎的，但是有時候還是比較粗心大意。有些B型人會帶有A型人多慮愛猜疑的特點，因此B型人創起業來，缺乏一股O型人所具備的「衝動」，屬於「謹慎型」的創業家。

在公司裡，如果B型人比較多，那麼這個工作團隊很有活力，經常有出人意料的好點子出現。但是，這種團隊也最缺乏向心力，因為每個B型人都比較自我，覺得自己的結論才是正確的，所以對立的意見特別多。B型人有強烈的自我主張，容易跟上司、同事起爭執。

那麼，愛憑興趣和感情做事、天生熱愛獨立自由的B型人適合什麼樣的職業呢？在現實社會生活中，B型人從事的職業和扮演的角色非常豐富：從朝九晚五的上班族到自由職業者；從官員、外交官、商人、軍人、員警、演員到作家、科學家、技術人員；從正面人物到行為怪異者；從傑出優秀的大人物到一事無成

的糊塗蟲……無不存在著B型人的身影。B型人的自由自在、隨意、創意在任何行業都非常突出，他們的可塑性也是最鮮明的。

為了能在面試時脫穎而出，所以B型人要記住一些面試小祕訣。有時候，B型人自由奔放的氣質在面試中很能得到對方的認可，但有時候卻使面試官反感。所以，對B型人來說，在面試時最好能乖一點，表現出自己踏實、有毅力的一面，這樣優劣互補，往往能獲得較好的效果。尤其當面試官是A型或B型時，B型人就應該更應充分注意。

B型人 VS. 十二星座

B型×白羊座

♪ 性格分析

B型白羊座出生在冰雪消融、陽光和煦的三、四月，因此性格也一如暖洋洋的太陽般，明朗、熱情、

生機勃勃。

B型白羊座往往秉持這樣一句座右銘「不管結果如何，嘗試總比沒有嘗試過好。」你對人、對事擁有永不停息的熱情，一旦下定決心，便會勇往直前，不達目的絕不甘休。你對自己的能力擁有絕對的自信，像一位勇往直前的戰士，往往能給身邊的人帶來勇氣和力量。

你擁有與生俱來的求知慾，比任何星座更具有上進心。在生命中的每一刻，你都要求自己活得健康，活得有朝氣。你不喜歡維持現狀，討厭像死水一樣的生活，所以你拚命地向未知領域挑戰，努力開創更寬廣的未來，絲毫不放鬆人生的任何可能，是個追求夢想、刺激以及一切可能性的冒險家。

你的腦袋非常靈活，動作迅速而敏捷。在別人猶豫不決、下不定主意的時候，你往往早就選擇好了要走的路，精神煥發地朝目標前進了。對你這種快速的行動力，人們經常稱你為「快刀手」、「急旋風」。在現代這個競爭激烈的社會中，明快的決斷力及果斷

的衝刺精神，能幫助你掌握住機會脫穎而出，所以即使你不刻意追求第一，也能成為焦點人物。

不過，令你為難的是，如果你碰上做事拖泥帶水的人，就像「急先鋒」遇上「慢郎中」，讓你焦急萬分。依你直截了當的個性，往往會忍不住把不滿和急躁表現出來。同時，你的行動因為過於迅速，沒有做周密的思考和完整的規劃，往往帶有一定的盲目性。加上做事不拘小節，只顧大剌剌地向前衝刺，而忽略了身邊的小細節，因此，你在奮鬥的過程中，有時候會因為粗心大意弄得頭破血流。

注意：有時適當緩一下自己的腳步，你會發現周圍有很多被你無意中忽略的美麗風景。

∫ 白羊運勢

除了性格習慣、專業素養、個人努力等因素外，成功者之所以成功，還因為他們擁有一個共通之處，那就是擁有優越的外部條件或者非常難得的好運氣。B型白羊座的你恰恰就是這樣一個好運氣的人。一生

中，你會擁有很多不可思議的好運勢，比如意想不到的邂逅，或者他人想像不到的神祕經驗。

B型白羊座還擁有極好的家庭運，家庭生活一般很圓滿。即使偶有家庭糾紛發生，也總能在關鍵隨時贏得貴人相助，逢凶化吉，一場風暴瞬即變成風和日麗。

人們在被迫做出重要決定時，因為缺乏相關技術的支持與他人的指導，往往依據自己的直覺來做判斷。當B型白羊座再怎麼拚命努力也無法獲得好結果時，可以不必急於分析問題，不妨憑自己的靈感做決斷。B型白羊座在第六感方面，往往比較準，能獲得出人意料的幸運。

注意：適當利用身邊得天獨厚的條件，你將比別人獲得更多的好運氣。

∫ 職場命運

與其他血型的白羊座相比，B型白羊座的職場命運差不多排在了最高點上。良好的性格、難得的機

遇、傑出的才華，幾乎都集中在B型白羊座身上了。

B型白羊就像一個鬥牛士，機智勇敢、身手敏捷，總是以最佳的狀態活躍在職場這個「競技場」上。適合你的工作就像「公牛」一樣，必須具有挑戰性，才能激發你的勇氣與力量。現代社會越是競爭激烈，工作越是困難、越有挑戰性，你越能發揮你的才華與能力。相反地，在平平靜靜、順順利利、像一潭死水的工作狀態中，你的大膽進取、積極行動力都會跟著消失不見。所以，為了自身的發展，你必須尋找競爭激烈、具有挑戰性、有很大自由發揮空間的職業。

職場中，B型白羊座最容易在複雜激烈的競爭中脫穎而出，他們擁有令人羨慕的四兩撥千斤、天時地利人和等天然得勢的能力。B型白羊座的男女存在一定的區別，白羊座男人是卓有成效的工作狂，而白羊座女人大都是優秀的下屬。此外，B型白羊座善於低頭，尤其是女性，在遇到很棘手的問題時，懂得以婉轉的態度去對待，這一點也為他們爭取了難得的職場

生存空間。

總之，在沒有硝煙的職場中，B型白羊座是比較順風順水、令人稱羨的一群人。

注意：積極的態度與高昂的狀態是助你勇往直前的寶劍，請記住，上戰場之前一定要帶上它們。

∫ 社交技巧

B型白羊座寬宏大量、坦坦蕩蕩，有愛心、樂於助人，就算對待敵人也是光明磊落地交戰，不會暗中算計別人。你的善惡觀念比較分明，厭惡曖昧不明的態度，喜歡將所有事情處理地乾淨俐落。

不過，值得注意的是，有時你的話說得太直白，很容易傷害人和得罪人。雖然你內心是很善良的，從來沒有惡意，但是如果你這種太過直率的表達方式不加以適當的控制，那麼就會在無形之中會樹立許多敵人，對你的人生和事業都不利，這點是你急需需要改進的地方。當然，你爽朗、樂觀、不記仇的性格會在無形中增添你的個人魅力，不知不覺中吸引一部分真

正欣賞你、真心喜歡你的朋友。

B型白羊座如果和別人交上朋友，就會非常仗義地幫他們做任何事，不過如果做過頭，反而有幫倒忙的可能，因此你要注意自己的尺度。

注意：對不同的人採取不同的交際方式，這才是真正的智者。

B型×金牛座

∫ 性格分析

B型金牛座是個腳踏實地，方向感強，有那麼點固執的人。你堅持生活在自己所能接受的範圍下，不會去追求天方夜譚式的夢幻，對超自然的、人類無法了解的神祕事物從來不感興趣。對親眼所見、親耳所聞的事，你才會深信不疑；按原計劃達到的目標，才是你所追求的。

同時，你又是一個「陶淵明」式的悠然自得的樂天主義者，社會競爭再激烈，你依然我行我素，不為

所累。人生的道路上，你走走停停、看看路邊風景，無比優游自在。「賢的是他，愚的是我，爭什麼」是你所奉行的座右銘，你本身帶有那麼一點超越主義的味道和主張。

B型金牛座無法成為徹頭徹尾的浪漫主義者，也許在夜晚的夜店會情不自禁地放縱自己一下子，但事後往往容易後悔。

可能是個性所致，在思考或行動方面你總是比別人慢了半拍，所以，金牛座的你不適合也不會喜歡從事那些需要你立即做出反應的工作或活動。一旦環境與局勢發生突如其來的變化，你往往屬於那個方寸大亂、不知所措的人。

你與世無爭，只對自己感興趣的事情全身心投入，但是如果降臨到你身上的事情是強加給你的，違背你的原則和意願，你將會變得非常憤怒，毫不猶豫地進行反抗。這是表現在金牛座身上的頑固一面。

儘管你做事比較乾淨俐落，但有時候做事情之前你會思前想後，行動上的小心翼翼，所以常給人一種

不夠積極的印象。久而久之，你對自己這種不夠果斷的行動力會產生厭惡的心理，甚至是排斥、批判的心理。你對那些做事勇敢果斷的人很羨慕，對那些快節奏的生活方式也產生過憧憬。

所以，給你的建議是，過慢的生活步調有時候會消磨一個人的積極性，讓你變得缺乏協調性及對突發事件的應變能力，將對你的工作和人際交往不利。所以你訓練自己，加快步伐，主動提高，就算不超越別人至少也要和他們步調一致。

注意：悠閒但不失為懶散，無爭但不流於怯懦，這是B型金牛座應該謹記在心的。

♌ 金牛運勢

整體而言，B型金牛座不屬於那種命好的人。幸運之神不光顧罷了，有時壞運氣還會接二連三地發生，比如路上搭公車錢包被偷了，但回到家，發現屋裡也遭小偷了，這種屋漏偏逢連夜雨的衰事，經常能讓B型金牛座遇到。

你和朋友或愛人的相處十分融洽，他們在你不如情的時候能給你提供很大的幫助。另外，你在精神方面的運勢還是不錯的，你不會把物質方面的不如意放在心上，經常有內心充實快樂的感覺。

當你學會淡然相對或全心投入某件事時，那些壞運氣自會遠離。但是，當你心情變得消沉鬱悶時，便會遭逢壞運氣。

注意：你的好運經常在你心平氣和、淡泊寧靜時出現。

∫ 職場命運

在職場上，你屬於大器晚成型，你對於工作一向十分熱心、認真，責任感超強，很容易獲得別人的信任。但是因為你不喜歡變動，工作上的積極性和主動性不是太強，所以你要想獲得上司的賞析和肯定需要經歷比較長的時間。對你來說，升遷的法寶不是才華而是持之以恆的努力。

你總是表現得很溫和，對其他人沒有威脅性，所

以即使你身懷絕技也會表現得特別低調；你從來不會在人前逞威風，因此也容易被人忽視；你總是任勞任怨、默默地將工作做完，這種態度可讓你避開職場上不必要的攻擊與非議；你在思考問題時條理分明，處事時謹慎有加，因此很少遇到失敗的情況，不過，必要的時候還是給自己添加點冒險的精神吧。

　　注意：踏實、默默無聞，是你的優點，也是你的缺點。

　　∫　社交技巧

　　金牛座的你經常笑容滿面，不會破壞別人的和平相處，算是相當高明的社交高手。你的性格就像牛一般，溫溫吞吞、態度穩定，處世相當慎重，但在另一方面也很固執，一旦發起脾氣來非常倔強，誰都說服不了，誰都阻止不了，固執己見而拒絕讓步的程度讓周圍的人很頭疼。

　　你個性溫和又堅實，性情隨和而踏實，對事物雖然猶豫不決，但是一旦決定下來，就能以堅忍不拔

的精神，執著向前。你忍耐力很強，做事很負責任，受人之託必能忠人之事，絕不會中途放棄。你為人幽默、風趣，常能得到朋友的青睞。

此外，「慢」是你比較大的特徵，因為你崇尚「生命在於靜止」，所以那些急性子的朋友可能不太願意和你在一起。另外，你不太喜歡全體一致的集體生活，你早已習慣我行我素，或者應該說，你是天生的特立獨行者。

注意：改一下你的牛脾氣，你將會更受歡迎。

B型×雙子座

∫ 性格分析

B型雙子座的人開朗明快、頭腦聰慧、行動迅速、積極進取、多才多藝、富有教養。如果你是一個典型的B型雙子座，那麼你一定是個好奇心特別重的人，你的探險慾望非常強烈。對自己感興趣的事情勇於親自嘗試，同時你的興趣非常廣泛，對於一些新奇

事情總是打破砂鍋問到底。

你非常好動、愛説話，要你安靜下來不動比登天還難。對於突發事件，你擁有非常靈敏的應變能力，而且你的觀察能力也相當敏鋭，很少會鑽牛角尖。

你身上最大的優點是能屈能伸，一時的失敗絕不會讓你屈服。你冷靜、理智，無論遇到再重大的突發事件，仍然能保持客觀的分析能力，並做出正確的判斷。你的性格可説是知性重於感性，理智勝過情感。如果深究B型雙子座的內心，你將會發現奇妙的一件事，在你如此果斷的個性中，竟然也隱藏了優柔寡斷的一面，原因是可能在於你過於客觀，在分析事情時，很少流於偏頗，肯定一事的正反兩面，也正因如此，你往往難以決定取捨。

注意：你的能力與聰明在人群中很突出，有時候還是低調一點好。

∫ 雙子運勢

B型雙子座沒有大運氣，卻小運不斷，因此可在

小運氣的護衛下平穩順利地度過一生。

如果你是學生，透過平時的努力能獲得很大的回報；如果你是上班族，隨著就業年齡的增加，你的運氣會越來越好。B型雙子座有不動產方面的小運氣，可以立即找到適合的房屋。

陷入最危險的狀態時，B型雙子座會比較急躁，毫不考慮周遭狀況，這樣很容易嚇跑好運氣。所以，任何時候，B型雙子座都應該保持一份平和的心態，這樣才能贏得運氣的青睞。

注意：慎重行動，與其在短期內求得結果，不如將眼光放遠。

∫ 職場命運

擇業如同擇偶，選擇正確的職業對B型雙子座的事業，甚至前途和命運，有著舉足輕重的作用。所以，在擇業時，你一定要做好長遠的規劃。

對B型雙子座的人來說，選擇了一個適合自己職業，會越做越有勁，將來的事業發展前景良好；而選

擇了一個不適合自己的職業，就有可能一事無成，或者事倍功半。按照你的性格，平凡的工作根本無法令你滿足，甚至可能埋沒你難得的才華。但你有時候會因為過於追求新鮮的事物，而把一些本來很不錯的工作丟掉。總之，你在擇業時遇到的選擇很大，矛盾也很大，注意不要太追求新鮮，一定要根據自己的實力、特長與喜好，選擇最適合你的那個行業。

注意：多面的嘗試絕對有利於你，但一定要均衡好其中的利弊。

∫ 社交技巧

作為B型雙子座的你，能夠非常巧妙地借助外部條件證明自己達到目標，並且掌握得當。同時，你的處事方式十分圓滑，又不失原則，確實是無人可及的「雙面人」。

你的頭腦非常靈活，學得快也記得牢，對於新知識掌握得快而且準。你擁有得天獨厚的口才和文采，常可以把所學融會貫通，再以不凡的口才傳達給

別人，往往比原來事物本身更加生動精采。而且，你既機智又幽默，是個很受歡迎的演說者。有人這樣形容：如果B型雙子座的人當推銷員，甚至能說服和尚買梳子，口才之好可見一斑。

此外，B型雙子座還有隨和的特點，「隨和」與「善交際」兩者的結合，使你相當容易建立良好的人脈關係。

注意：適度收斂一下自己，以免遭人嫉恨。

B型×巨蟹座

∫ 性格分析

B型巨蟹座的你興趣廣泛，愛幻想，想法奇特，好奇心重，並擅長表現自己。你一旦有了奇怪的想法，就恨不得馬上去實施，所以你的行為舉止經常讓人瞠目結舌。在很多比較嚴肅的人眼中，你是一個「有點奇怪的人」。不過，你深受一些同樣喜歡「標新立異」的朋友們歡迎。

　　你單純質樸，開朗直爽，不拘泥於小事，富有浪漫氣息。在跟朋友交往時，你往往非常真誠，並希望與對方推心置腹，和對方做親密的朋友。友誼對你來說是非常重要的，沒有朋友你便會覺得孤單難受。雖然你渴望友情，但是除非是相處已久的朋友，否則你不會輕易對陌生人敞開心扉，接納新的友誼。在你的性格中，有時候對人非常熱情，有時候又表現得非常冷淡，所以，有點讓人捉摸不透。

　　你非常有個性，有很強的保護慾，對於家人跟所喜歡的人有一股想好好保護對方的衝動。在與親朋好友的相處當中，你通常比較關心對方的健康狀況。你富有愛心，對新來的同學、同事往往表現出長輩般的關心與指導。由於你的感情極為豐富，因此在考慮事情時難免不夠理性，做起事來比較情緒化。對於比較有爭議的話題，你會試著去了解，但到最後總是迷迷糊糊、分不清情況。

　　因為你對環境的適應性比較強，所以你無論在任何狀況之下都有堅強的生存意志，絕不會屈服於環

境，被現實所壓倒。

注意：有時候，也要學會保護自己。

∫ 巨蟹運勢

幸運之神一般只眷顧投身於自己的專業或特別感興趣的事物上的人，B型巨蟹座就有這個運勢。

如果B型巨蟹座能把學生時代就培養出來的興趣堅持下去，並當做事業來經營，那麼你天生的才華加上運勢的幫助，將很容易出人頭地，很有可能獲得巨大的成功。另外，你對工作總是忠實而勤勉，會獲得上司和同事的信賴。

但是，如果你總是找不到適合自己走的路，那麼運氣不會與你「相遇」，你終其一生也很難掌握好運氣。

注意：你必須切實了解自己喜歡什麼，對什麼事物感興趣，這是獲得幸運的關鍵。

∫ 職場命運

根據對B型巨蟹座能力的分析，你與其挖空心思成為某個事業的開拓者，還不如走在他人已開發好的道路上更容易一些。整體來說，你比較擅長於扮演輔佐的角色，也具有卓越的實務經驗，從事大眾化的職業是成功的關鍵。

B型巨蟹座男性觀念相當保守，而且想要改變你原有的生活方式，是不太可能的。你這樣的個性，使你對職業、社會和國家永遠忠心耿耿、至死不渝，是企業裡難得的模範員工，所以事業運勢不錯。

B型巨蟹座女性的事業運勢就沒那麼好，往往是家庭運勢排在事業運勢的前面，如果妳非得把工作排在第一位，反而會破壞後者的運勢。所以，順其自然，不要刻意尋求事業的運勢，家庭如果幸福美滿的話，也算是對失意事業的一種彌補。

注意：「失之東隅，收之桑榆」這是對B型巨蟹座女性事業運勢的最好解讀。

∫ 社交技巧

B型巨蟹座的你，不喜歡天花亂墜，也不喜歡擺架子，跟人交往，往往是快人快語、毫不扭捏做作，對待周圍的人和事都十分關心。你具有同情心，不忍心看到別人遭受不幸。但是，你在表現對別人的關心時，不見得會表露在臉上，是個嘴硬心軟、口是心非的人，一般來說B型巨蟹座的你堪稱是大家所敬愛的典型樸實主義者。所以，和你交往時間比較長的朋友都非常喜歡你，你的人緣非常好。

另外，你比其他星座的人都講究人情，所以容易在工作或交際中流露出偏袒親友及利己的本性，這個毛病必須改掉。

適合你的最佳的社交方法是迅速結盟，尤其是興趣相投、性格相近的朋友合作的話，更能讓你的個人才華得以展現。

另外，感情用事、主觀意識強都將是你的致命傷，務必要改進。

注意：偏袒他人有時會讓你失去更多。

B型×獅子座

∫ 性格分析

B型獅子座的你，個性非常突出，擁有吸引他人的神奇魅力；你天生外向，樂觀堅強，自我意識很強；你的思想極富彈性，行事鋒芒畢露，經常成為人群裡令人矚目的中心人物；你無法安靜地等候，行動力非常強，屬於行動遠比思考快的人；你不欣賞平凡的人生，你生來就是在追求不平凡。

你野心非常大，很看重權力與名譽，無論在什麼時候都能表現出卓越的競爭力。正是性格上的原因，你無論做什麼，總是表現得出類拔萃，讓人刮目相看。B型的人，多半興趣都比較廣泛，而獅子座則不然，B型獅子座的你，為了達到既定的目標，刻意縮小自己的興趣與愛好，心無旁騖地朝著目標奮力前進，不畏懼所有的困難與阻礙，即使失敗了，也有再度站起來的信心和勇氣。

B型獅子座的人，度量與氣魄很大，很少會為雞毛蒜皮的事情而大動肝火。同時，你非常有主見和膽識，在人群中經常扮演領導的角色，也經常能得到很多人的擁護。

你看上去如獅子般獨立特行，但是在你的內心深處很懼怕孤獨。在你看似倔強的個性中，有著天真、頑皮的一面，事實上甚至可以說這正是你最可愛、最具魅力的一面。不過，有部分獅子座因為太過於自我為中心，常常表現出任性與驕傲，這常常也是你被人所詬病的原因。所以，在日常生活中切記要克服這些弱點。

注意：想成為真正的王者，一定要遠離驕縱與狂妄。

∫ 獅子運勢

在大家眼中，獅子似乎擁有與其性格一致的運勢，但恰恰相反，B型獅子座缺乏爆發性的強大運勢，一生之中很少發生天上掉餡餅的好事。不過，B

型獅子座也很少發生不好的事情，人生大致上是穩定而順利的。

B型獅子座要記住的是，不要過於追求不切實際的夢想，踏踏實實、一步一腳印，更能讓你遇上好運氣。無論與同性還是異性，你們的關係都處得非常良好，身邊更不會出現惡意詆毀和中傷你的人。在學習或工作中，你總能獲得朋友們提供的中肯建議。

要切記，你的好運與你的努力有關，你必須持續踏實地努力才能獲得成功。

注意：好運只青睞那些持續努力的人。

∫ 職場命運

B型獅子座的你，職業運不錯。

雖然你的工作經常變換，但是成功的希望還是非常大。你討厭被他人牽著鼻子走，而喜歡堅持自己的主張；你把工作看得比生活、婚姻還重要，越是困難，越是能激發你奮鬥的慾望；你很好強，絕不在他人面前表現出懦弱。

依據你的個性，你不可能心甘情願地當一輩子領薪階級的小職員。你獨立而卓越的能力，大膽冒險的性情，加上極強的策劃組織能力，使你很有條件經營一家屬於自己的公司，開創自己的事業。除了創業外，那些能充分發揮才能、氛圍相當自由的工作也很適合你。此外，你應該避免從事單調、重複、乏味的工作，因為那可能會磨滅你的朝氣，使你意志消沉，根本無法激發你的職業運。

注意：你的職場命運在於開拓，請在這方面果敢一些吧。

∫ 社交技巧

B型獅子座的你天生懷抱著崇高的理想，能夠為周遭的人全力以赴，發揮旺盛的生命力，你對弱者有慈悲心及同情心，願意為弱者或正義而戰，所以在社交中你往往很受歡迎。

同時，你在社交上的表現有些自我矛盾。你本質陽剛、心胸開闊、光明磊落、不拘小節，但同時也有

固執、傲慢、獨裁的一面。所以，也有一部分人不喜歡你。

需要特別注意的是，你坦誠正直、對朋友直言不諱，但由於自尊心過強所以難以接受他人的意見和批評。你這種過於自負的態度難免會得罪一些朋友。

所以，面對不同的人你要學會改變自己的社交態度，對強者你可以表現自己強勢的一面；而對待弱者，盡量表現得親切一點，讓你的愛心為你贏得受歡迎的籌碼。

注意：學會換位思考，才能贏得更多人的認可與贊同。

B型╳處女座

∫ 性格分析

我們知道，B型人樂觀直率、行動積極，不過有時計畫不夠周密、態度不夠謹慎。而處女座的人，做事非常有條理、計畫嚴密而謹慎，有時一板一眼略帶

神經質，最厭惡半途而廢、有始無終的人，他們常常為沒有達到盡善盡美而感到內疚和不安，總是試圖將自己的激情和衝動置於理智的控制之下。由此可見，B型人與處女座之間存在著截然不同的特徵。

你給他人的第一印象是樂觀、快人快語、容易相處，而事實上，你的內心卻是謹慎的。例如，有些朋友經常會毫不保留地和你分享他們的工作、戀情，而你卻鮮少把自己的事告訴他們。對於工作，你是絕對的認真，規規矩矩地完成它，甚至在內心已形成要求，沒有親自完成它，內心就會很不安；但在日常生活中，你就表現出完全不同的個性，丟三落四，懶懶散散。雖然，你經常提醒自己要放鬆一點，不要太在乎細枝末節，可是，你內心放不下的東西實在是太多了。你放不開規矩和教條的束縛，你的心靈沒有得到預期的解放。

「好辯」是你的缺點之一，你對事情的分析能力很強，對於認可的事情，你總能分析得頭頭是道；而對於不屑的事，往往批評得體無完膚。在你的內

心深處，總是希望美好的東西更加完美，而不完美的東西總是力求去做完美。對你這種苛刻，身邊的很多朋友往往受不了，所以如果你不適當控制一下自己這方面的缺點，會導致你失去很多朋友。另外值得一提的是，處女座的人大多有嚴重的潔癖，衣食住行甚至要做到一塵不染，這也是你讓很多朋友望而止步的原因。

注意：凡事不要太過於斤斤計較，以免遭人學究之譏。

∫ 處女運勢

一生當中，B型處女座的運勢非常好，在發生不好的事情時，總能遇到貴人，或者自己的靈機一動的想法能幫自己走出困境。不過，這種運勢的變化非常快，也許就在你慶幸有好運時，隨即會陷入厄運之中。

另外，B型處女座有其他血型星座所沒有的持久耐力，在別人打退堂鼓時，你往往能堅持到底，這也

是你能掌握住很多運勢的原因。

不過，有時你會因為對任何事都做了太仔細的分析，考慮完細枝末節才採取行動，往往會讓你錯失了許多機會。如果，你能在一些簡單的事情上，學會斷然付諸行動，那麼你的人生運勢會更好。

注意：果斷行動，沒有比這更好的方式更能讓你獲得好運勢。

∫ 職場命運

B型處女座的你具有處女座在實務方面的卓越能力，所以計算方面的能力相當不錯，但由於受B型粗獷、奔放的氣質影響，使你儘管在實務、計算方面表現良好，但卻無法真正喜歡這些工作。

B型處女座的你可以從容地兼顧工作與家庭生活，你的家會被你打理得井井有條，而工作上的事情也不會怠慢，堪稱魚與熊掌兼得型。

當然，如果想讓自己的事業更上一層樓，那麼建議你在工作中充分發揮已掌握的知識與技能。你要認

清自己性格中的優缺點，並合理地利用到工作當中，好的要發揚光大，不好的要盡量規避。同時，你要讓自己的胸襟更開闊一些，不要為小事牽腸掛肚，要培養挑戰的精神，以開放、舒暢的心情邁向更遠大的目標。

注意：裹足不前只能使自己喪失更多機會。

∫ 社交技巧

B型處女座的你可以把職場中的社交處理得很好，因為你八面玲瓏與謹慎並存。不過，有時候過於拘泥於細節，又會讓對方非常頭痛。

對於討厭的事情，你必須有斷然說不的勇氣，否則，你不但會讓自己心裡難受，而且還很容易遭受不必要的誤解，惹來更大的麻煩。

你認為可行的事，不必把太多時間浪費在迷惑與抉擇上，儘管付諸實行。

注意：學會變通，但不要背離自己的內心。

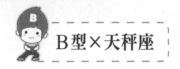

B型×天秤座

∫ 性格分析

B型天秤座的你很樂觀，即使工作和生活不是很順利，你也不會表現出消極、愁苦的樣子；你性格爽朗大方，應變能力強，身邊一切突發事件都能得到很好的處理。你喜歡過著悠閒自在的生活，絕對不會為了金錢而讓自己過分勞累。

B型天秤座的你是個和平主義者，爭執、吵架等事情鮮少發生在你身上，在萬不得已與人對立的情況下，你會採取冷靜的商談方式尋求協調。你更不會動輒發怒，也不會表現非常強硬的態度要求別人屈服。

整體來說，你是個非常有涵養，情緒極平穩，態度很客觀，做事有分寸，非常成熟理性的人，往往得到很多人的尊重與信服。

B型天秤座的你就像是不偏不倚的天秤一樣，將公正、公平作為自己的人生理念。你對人對事的態

度，絕對客觀公正，不帶有人情的成分。無論做什麼
事情，你始終保持冷靜理智的態度，而且能站在中立
的立場判斷事物的善惡好壞。你眼光獨特，對是非對
錯有很強烈的看法，因此適合做從事協調的執法者。
你有足夠的理性，因此你最瞧不起那些整日被物慾支
配的人，所以你對於那些自私利己、瘋狂追求物質享
受的人感到厭惡和不屑，甚至會挺身而出，以語言或
文字告誡世人不要被物質名利所迷惑。

有時候，你的想法雖然積極，但並不會努力去實
踐，因為有時你的顧慮太多，過於在乎別人的看法，
這就是你優柔寡斷的一面。

事實上，有時候改變一下自己中立客觀的態度，
偶爾嘗試一下做一些從來不敢做的事情，可為你死氣
沉沉的生活帶來衝擊力，讓你更加有活力。

注意：過多的擔心會讓你左右為難，試著跟著自
己的內心走。

♪ 天秤運勢

整體來說，B型天秤座的一生可能過得比較辛苦，但是相當豐富多彩。你屬於大善人類型，經常為別人盡心盡力、傾其所有，所以，你人緣很好，很受周圍朋友的歡迎。

無論在生活、工作還是交際上，你與其讓自己站在風頭浪尖的位置，不如退而成為輔助角色，這樣更能讓你的實力與才能得到發揮。

你一生中的運勢不大好，很大一個原因就是你往往不會掌握住機遇，經常會失之交臂。所以，你應該提高自己把握機遇的能力，觀察得再認真一點，做判斷時再果斷一些，行動起來再迅速一點。這樣你才有可能把握難得的機會，扭轉人生的運勢。

到了晚年，你將會過著安定幸福的生活。

注意：機會掌握在你手中，千萬不要因為粗心而失之交臂。

∫ 職場命運

大器晚成、穩定發展，這是B型天秤座的職業

運。所以你要相信，只要能把握適當的時機，你都可發揮才能。

B型天秤座頭腦靈敏、交易處理起來非常迅速，這方面幾乎是其他血型星座比不上的。如果在專業知識與技能上，B型天秤座再加強一些，那麼你工作起來就如同如虎添翼，必能讓你的才能得到充分的發揮。尤其值得一提的是，B型天秤座天生聰明，考試運非常好，考取各項技術資格認證也比一般人容易得多。

B型天秤座的你容易在職場上陷入種種無聊的人事紛爭當中，這樣會浪費你非常多的時間與精力。所以，要切記，不要把自己有限的精力花在與自己專長無關的事情上。做事專注而高效，這是保證你在職場上能得心應手的最佳方法。

在你三十歲之後，你的職業運開始走上坡，可以一直持續到晚年。

注意：對你來說，做得越少、越精，越容易取得好的結果。

∫ 社交技巧

B型天秤座的你，處世方面做得非常得當，從不輕易得罪人或樹敵，希望跟每個人都能保持良好的關係。不過，有時候你的這種態度，很容易被誤認為是討好別人。

在B型天秤座身上表現得最為明顯的一點是，B型天秤座無論男女，都是天生的社交高手，總能在社交中迅速抓住重點，不會浪費時間與精力。

不過，B型天秤座有一個缺點是，在剛開始社交時不夠自信，經常懷疑自己的能力與社交天賦，不相信自己是懂得職場社交的人。

當然，這種想法是大可不必的，無論你有多少才能，只要你足夠自信，往往在人際交往中就能獲得對方的刮目相看。

注意：自信能讓你取得更大的成就。

B型×天蠍座

∫ 性格分析

　　頭腦靈敏、做事敏捷、專注力與耐力這些都是B型天蠍座突出的特點，其他血型與星座幾乎都比不上。除此之外，B型天蠍座天生敏感、直覺性強，有一部分人飛揚跋扈，其中，「鍥而不捨」是B型天蠍座最為鮮明的特徵。

　　B型天蠍座的人，志向遠大，對人生的目標非常明確，從制定目標開始，就一心一意地努力，很少出現心猿意馬的情形。不達目標不甘休、執著、耐心、毅力、堅持到底、毫不氣餒、重頭來過，這些詞語都可以放在B型天蠍座的身上。總之，B型天蠍座這種為了目標、夢想而付出的努力非常值得人敬佩。

　　B型天蠍座的求知慾非常旺盛。你對於人類心靈、死亡真相、神祕世界、社會結構等比較嚴肅認真的話題非常感興趣。對於人體的奧祕，你也情有獨鍾，因此，你走上醫學之路的機會比較大。同時，B型天蠍座也有人對無窮宇宙感興趣，甚至會投入許多心思去研究，而且往往還取得不菲的成就。

B型天蠍座的人思想深刻，有犀利的洞察力，總能輕而易舉地透過對方的眼睛或神態讀出他們的內心祕密。當然，B型天蠍座不會輕易說出別人的心事，相反，總以冷眼旁觀這個世界。

從外表來看，你是一個很親切隨和的人，但事實上你的內心世界收藏著很多心事，你看似堅強樂觀，但內心卻潛伏著一股讓人看不清摸不透的力量，總之你是一個深藏不露的人。你雖然能看穿別人的心思，但卻把自己的內心關得很緊，很討厭自己的內心被別人讀懂。即使面對親朋好友，也不會輕易把自己內心真正的想法說出來。雖然，你的性格如此特別，但看起來你並不消極或陰沉，你在眾人面前談笑自如，只在一個人的時候才獨享內心的寧靜。

注意：嘗試打開自己，你會發現心靈不但不受打擾，而且還會領悟到鳥語花香般的美好。

∫ 天蠍運勢

B型天蠍座的你，在二十歲之前，過著平平凡

凡、安安靜靜的生活，但二十歲以後，你的人生將會波濤起伏。

你一直朝自己的生活目標努力奮鬥，但命運似乎總在捉弄你，你的生活跌宕起伏，有時候會遇上許多痛苦的事情，進而跌入黑暗的深淵。

在人際關係及家庭運方面，有的人會好一些，而有的則會非常差。

雖然，B型天蠍座在精神方面無法獲得滿足，但物質方面通常不用發愁，大多數十分富足。

事實上，B型天蠍座的慘澹生活不會維持太久。因為在面臨困境時，必定有貴人為你製造機會，帶領你離開困境。所以，從這一點看來，B型天蠍座在苦難時期不應該自暴自棄，要發揮堅持到底的耐力，靜靜等候機會的來臨。

注意：學習等候，這是你最該學會的。

∫ 職場命運

在職場上，B型天蠍座的人需要經常把自己放在

忙碌之中，喜歡親自動手去做感興趣的事，喜歡憑自己的力量去改善自己的工作和生活環境，喜歡不斷更新自己的想法，但不喜歡無所事事和碌碌無為的生活，因為那樣會使你喪失生機和活力。

B型天蠍座堅忍不拔，如果遭遇失敗，就會說服自己從零開始，憑著頑強的意志和精神，重新尋找成功的機會。你富有競爭力，是很多人眼中可怕的對手。不過，對你來說，你的成功是要付出代價的，當你信心百倍向目標挺進的時候，千萬不要被那些諷刺的話語、嘲弄的笑聲、卑鄙的評論所嚇倒，你只需集中自己的注意力，朝著目標一心一意前進即可。

注意：越積極，你的職業生命就會更長。

∫ 社交技巧

B型天蠍座性格激烈，所以在人際關係上經常走極端路線。如果你喜歡一個人，那麼他（她）的任何缺點你都能忍受和包容；如果你不喜歡一個人，那麼他（她）的優點在你看來也是缺點。喜歡一個人，你

會表現得非常親近，對他（她）非常和顏悅色；不喜歡一個人，你會擺臉色給他（她）看，甚至做出嫌惡的表情，所以你的朋友往往不多。事實上，每個人都有優缺點，和他人相處，你就該盡量發現對方的優點，而不是緊緊盯著他們的缺點不放。

其中，最容易與你有衝突的是白羊座，因為你們都很固執，對於自己所堅持的事互不相讓。假如你肯稍做讓步的話，那麼你們就有可能成為要好的朋友。

在人生的大舞臺上，你會成為非常活躍的人，常會遇到容貌深具魅力、有豐富的表現力和具有超群審美品味的人，所以你很容易和藝術界、演藝圈以及有知名度的人成為好朋友。除此之外，你具備卓越的語言才華，若能發揮這方面的能力，必有很好的發展。

注意：在與人交往上，你需要修煉的一門功課是「包容」。

B型×射手座

∫ 性格分析

B型與射手座相結合，可説是這類血型與這類星座的典型代表，因為兩者之間存在許多共同點：都富有好奇心，對未知事物都想一探究竟；性格直爽，做事有尺度，對於好奇的事物不會沉溺其中；追求自由意志，擁有天馬行空般的想像力；應變能力非常強，能屈能伸；心地善良，很少與人吵架動粗；判斷力敏銳，處事能力很強；富有熱情，是個夢想家；行動敏捷，頭腦靈活，才華出眾，成功的機會總是比別人多一倍。

此外，如果非得找出B型人與射手座之間的不同點，那麼就是前者比後者重實際，而後者比前者更自由奔放。如果能結合兩者的特長，那麼B型射手座將會擁有優秀的「戰鬥力」，在這個快速變化的資訊化時代裡取得先機。

你積極、樂觀，個性自由，很少在乎世俗的目光，所以在大家看來你是個逍遙快活的人。你對金錢、名利等世俗凡物沒有太大的野心和慾望，比較重

視個人涵養、精神、知識及人生經驗。可以說，你在好奇心的驅逐下，非常願意去嘗試各種未知領域，所以你興趣廣泛、知識豐富、人生經驗多姿多彩。

在你身上，如果非要找出缺點的話，那就是你的思考和行動都非常敏捷，加上心態自由，往往是隨興所至，比較性急與冒進，所以做事情缺乏計劃性，安排不周密，成功的機率不大。你做事時精神會高度集中，但缺乏毅力和耐心，所以經常半途而廢，功虧一簣。

注意：雖然大膽卻要心細，行事謹慎對你將更為有利。

♐ 射手運勢

整體看來，B型射手座的你一生風平浪靜。在家庭中，你將收穫美滿的婚姻；在事業上，你的工作做得比較出色；在友情上，你擁有很多交往頗深的好友，尤其是十歲至二十歲間交的朋友，往往能成為伴你一生的知己。

生老病死、自然災害等突發事件，對你的打擊往往比較大，如果你能度過這些難關，那麼便會時來運轉。尤其是晚年之後，你的物質生活將會豐富多彩。

由於你對精神的要求比較高，在人生風平浪靜的階段，你會因為無所事事而覺得精神空虛，所以，你最好找一些有意義的事情來填充自己，讓自己獲得精神的平衡，如制定讀書計畫、培養一些高雅的志趣、定期外出旅遊、從事義工活動等，將會讓你的人生更加飽滿、有意義。

注意：豐富而有意義的人生就是你一生中最大的好運。

∫ 職場命運

B型射手座的你，由於性格的原因，你很少能從一而終完成一件事，但由於你頗有才能，因此成功的機會也不小。整體來看，你的職場命運充滿變數。

在工作中，你最大的缺點是沒有耐心，雖然你的思考力及行動力都非常強，但是做起事情往往容易喪

失耐性，無法堅持既定的目標。在做那些需要花費很多時間精力的事情時，你總會比那些有毅力的同事落下一大截，跟不上他們的步調。

另外，你性急、易厭煩、無視形式、輕視秩序，這些都是你職業的致命傷。你往往無法在一個固定的職位待太長時間，跳槽對你來說是追求理想的必然過程。

對B型射手座的女性來說，只要你遇上了值得付出真心的人，儘管你有一份非常不錯的工作，也會為了他斷然放棄工作，一心一意退居幕後。

注意：學會從一而終，也許是你需要改進的地方。

∫ 社交技巧

B型射手座的你，不是很熱衷於人際交往，因為你不喜歡自己的行動處處受限制，覺得為了一定目的而進行的交往方式非常虛偽的，不符合你自由奔放的天性。此外，在人際交往中，你直爽、不會拐彎抹

角，很容易讓人產生誤會，有時候難免會得罪人。

在社交中，你不會築一道保護牆，用來掩飾和保護自己。你對任何人都直抒胸臆，把自己毫無保留地表現出來，雖然你的坦率真誠會為你贏得一部分人的讚賞，但是卻容易被一些居心叵測的人所利用。所以，在人際交往中，你不夠小心，缺少慎重。

你最喜歡的社交地點，不是封閉的小會議室或者宴會廳，而是視野遼闊的山野、棒球場等場所。

注意：學會在人際關係上給自己裝一扇防盜門。

B型×摩羯座

∫ 性格分析

在大多數人的眼中，B型摩羯座的特點比較明顯，如果用中性的詞語形容，你是特立獨行者，如果用略帶貶義的詞語形容，你是非常難溝通的死硬派。不過，因為受到B型和摩羯座兩種完全不同的因素影響，在B型摩羯座的身上存在著相互矛盾的個性，你

看似陰沉、壓抑、古板，但是你卻擁有不為人所知的樂天、開朗。

B型人的特徵是果斷、積極、行動力非常強、很隨性，而摩羯座的人內向、孤獨、懷舊、缺乏安全感與幽默感。這兩種截然不同的氣質特徵互相影響、滲透，形成了B型摩羯座謹慎、認真、耐心、嚴肅、理性、淡漠等個性。B型摩羯座的你，如果能在做事的態度均衡兩者的特性，那麼成功的機率將相對大增。

B型摩羯座的你，有一個最大的特點，就是肯於吃苦耐勞。你無論學習還是工作，都非常珍惜時間，隨時鞭策著自己努力進取。在求學階段，你是個十分典型的廢寢忘食、愛好學習的模範學生，無論排隊、搭車還是臨睡前的點滴時間，你都不會輕易放過，必定手不釋卷。

你做事非常喜歡鑽研，有很明確的目標，為了完成這個目標，你可以心無旁鶩、專心致志。任誰都打擾不了你。你專心程度之強，毅力之堅定，都不是一般人所能理解的。你的生活一板一眼，很少有娛樂

活動，因為你覺得逛街、Ｋ歌、玩遊戲等都是浪費金錢、虛度光陰的無聊事。

你有強烈的出人頭地的願望，而你成功的機會也很大。你為了完成自己的既定目標，不會花太多時間去跟人交流和應酬，所以你看起來既冷漠又無情，對周圍的人太嚴厲與苛刻。在此提醒你，一心一意追求理想是非常好的事，但是在這個過程中有很多值得你珍惜的東西，比如親情、友情、愛心、互助。

注意：不要為了自己的目標而忽略了身邊許多有價值的事情，畢竟，人生中值得追求的東西太多了。

∫ 摩羯運勢

B型摩羯座的你一生充滿夢想與希望。你的生活波瀾起伏，你在與生活搏鬥的過程中享受生活給予你的華麗與刺激。事實上，你能很愉悅地與生活共處，因為苦難再多你也總能心平氣和地接受，並一直保持樂觀的態度。不過，你身邊的人倒常常為你擔心。

結婚後，你仍能保持單身時候的朝氣蓬勃，即使

上了年紀，你也是活力充沛的那一群人。

到了老年，你可能與兒女們相處得不好，所以，你要提前做好養老計畫。

注意：通融，是你身上所缺乏的一種重要態度。

∫ 職場命運

B型摩羯座的你，將「勤能補拙」、「天才是九十九分的努力加一分的幸運」等話語作為自己的座右銘，所以，勤奮、努力是你職場上最明顯的特徵。在通往成功的道路上，你的勤奮與努力是你披荊斬棘的最好武器。

你的事業運非常旺盛，但是，你要牢記的是，你的付出往往有一個週期，不是所有的努力一下子就能有所回報。所以，你不要經常更換目標，一旦做出努力就要堅持到底，否則所有努力都將白費。因此，選定方向之後，你只需奮力前進，時間會帶給你最公正的評價。

B型摩羯座的，你擁有別人所沒有的專業知識和

技能。所以，你全心全意投入自己的專業領域，能比別人更容易取得成功。大多數情況下，你以發揮專長為樂，對工作重視的程度遠遠勝於對婚姻的計畫。當你產生結婚的念頭時，你已經走入晚婚的行列了。

注意：應該學會調劑人生與工作，這樣你的生活才會變得更加豐富多彩。

∫ 社交技巧

在社交場合，你看起來比較隨和親切，往往給人很樸實的感覺。但是，你往往執著於自己感興趣的世界中，最多只讓志同道合的好朋友走進來。你通常一個人在自己的世界裡也能玩得很盡興，自得其樂，反而覺得朋友多、交際廣是一件吃力不討好的事情。

B型摩羯座的你，在社交方面缺乏積極主動，很少主動去擴大自己的交際圈。雖然你有足夠的社交技巧，但對朋友的選擇你非常嚴格與苛刻，甚至帶有強烈的功利色彩。當你覺得對方無論在精神上還是在物質上都能給你帶來指導或幫助時，你才會使出社交手

腕。

在社交上，有時候摩羯座著名的小心謹慎會強於B型的積極大方，這時B型摩羯座的你就會顯得謹小慎微，疑心重重，這是不利於你擴大社交群的。

注意：把社交這扇窗，開得再大一點吧。

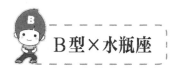

B型×水瓶座

∫ 性格分析

B型水瓶座的你樂觀積極、崇尚自由、前衛時尚、厭惡被束縛、適應力極強。你喜歡挑戰新鮮事物，擅長與人交際往來。同時，你還是一個浪漫主義者。

B型水瓶座的你，創造能力非常強，你適合做理論證明方面的探索。你也喜歡就自己所理解的程度發表言論，不過你獨斷獨行與自以為是的態度，經常讓人感覺到你是在誇誇其談。

你的好奇心重、求知慾強，尤其對未知的世界擁

有很強的探索慾望，例如你對自然界、宇宙、動植物等尚為解開的謎團充滿興趣，曾試圖做深入研究。對於生活中那些你還沒掌握的知識或技能，你充滿著求知的熱情。在你的腦海裡，你希望所有問題都能有一個比較正確或靠近的答案，否則，你會有點不安心。

因為你的想像力過於豐富和奇特，有時會有脫離現實的情況出現。所以，有時候你覺得和人家沒有話題，不是因為對方知識淺薄，而是可能你的話題太飄渺、不切實際了。在日常生活中，你必須注意這點。

你身上比較突出的一點就是——追求自由，這種特質幾乎每個B型水瓶座的人身上都有。你討厭被約束、被羈絆，甚至連婚姻、財富、地位、名聲都被你認為是枷鎖。

除了身心的自由外，你也追求思想上的自由，你喜歡讓思想在一個毫無限制的想像空間裡自由飄遊。不受任何牽制的思考方式，是你的一個遠大理想。你很博愛，你覺得人生最有意義的事情大概就是如何為人類、為群體做貢獻。

但是，無論哪種自由，在現實生活中都是比較難實現的。你必須具備足夠獨立的人格，能夠耐得住孤獨和寂寞。否則，你還是回歸現實，過著世俗而真實的生活吧。

注意：學會在現實與理想間應需求平衡，否則，過度追求理想，會讓你忽略現實中的許多美好。

∫ 水瓶運勢

B型水瓶座的人生運勢非常不錯。

在二十多歲時，你能遇上一般人很少遇到的機遇，藉此機會你能取得非常優秀的成績。如果這段時間你有貴人相助，那麼也會有不錯的運勢。

三十歲到四十歲，這是你人生中比較辛勞的時期，家庭生活不斷出現煩惱，工作和人際關係也會遇到大大小小的問題。不過，如果你能憑著自己的努力順利度過這段時間，那麼你五十歲後的人生將會變得安定幸福；如果這段時間你勉強度過，沒有化解難題，那麼你的晚年生活可能會漂浮不定。

整體來説，激發自身的潛能，將人生難題一一化解，不驕縱，不狂妄，那麼你的人生便會走進順利、幸福裡。

注意：陽光總在風雨後。

∫ 職場命運

B型水瓶座的職場命運與個人的興趣愛好有非常大的關係。如果你能堅持自己的興趣愛好，不斷學習、拓展，並將它們發展成事業，那麼你將會輕輕鬆鬆獲得比較大的成就。相反地，如果你把心思放在其他你不感興趣的職業上，那麼你可能會花費相當大的時間和精力也無法取得很好的成績。

此外，如果你想在工作上取得不錯的成績，那麼你最好選擇能自由發揮才能的工作環境，那些過於刻板或保守的工作，你最好不要去嘗試。當然，按著別人的計畫進行的工作你最好也別去碰，否則你的才能肯定得不到發揮。

有時候，在失敗面前，你往往表現得灰心喪氣，

但是，你如果再堅持一下，就有可能突破瓶頸而獲得
成功。

對於B型水瓶座的女性來說，妳既有工作，又有
家庭，如果妳在工作與家庭間無法兼顧的話，妳最好
選擇放棄工作。

注意：孰輕孰重，心裡要早有準備。

∫ 社交技巧

B型水瓶座的你隨和、親切，無論在哪個人群
中，都有超強的適應能力，和任何人都能立即打成一
片，處理人際關係的能力出類拔萃。所以，你的人緣
非常不錯，往往擁有很多值得信賴的朋友。

不過，有時你會因為過於豪放，對周圍人群的
心情與神色觀察得不夠仔細，也就是說你不太會「察
言觀色」，所以有時候得罪一些人都不知道。總而言
之，在社會交往中，你顯得比較自我，不太會顧及別
人的感受，覺得別人對你言聽計從也是理所當然的。

注意：有時候不要把自己看得太重要。

B型×雙魚座

∫ 性格分析

B型雙魚座的你，非常感性和敏銳，對於他人微妙的心理變化，你總能把握得比較準。然而你有時候又太在乎別人的感受和看法，容易受到傷害，這種多慮的性格讓你變得比較神經質。

其實，在你的性格中，也存在著矛盾的一面，比如失敗了，你有時非常在意但有時候又能看得很開。前者是雙魚座的性格，後者則是B型的態度。雙魚座與B型截然不同的性格混合在一起，往往讓B型雙魚座顯得神祕莫測。

你的好奇心很強，對身邊的所有事情總想一探究竟。同時，你對事情有打破砂鍋問到底的精神，所以在你好奇心的驅使下，你的興趣逐漸多元化，知識面又非常廣泛。但是，由於天性上缺乏耐心，你總表現出朝三暮四、喜新厭舊的樣子，這樣導致你學習及興

趣都無法始終如一。

一般來說，B型雙魚座的你，重視精神生活勝於物質生活。你對藝術及美感具有很敏銳的感知力和表達能力，是追求美與夢想的藝術家。B型雙魚座中有一部分的人，會對神祕宗教著迷，對那些靈異現象也保持著特殊的興趣。

B型雙魚座的你，心地善良，性格溫和，熱心助人，不會為謀求一己私利而侵犯他人的利益。但是你往往比較容易情緒化，心情總是左右著你的生活與工作，所以建議你學會調節自己的情緒，切勿因為不良情緒而嚴重影響到你的工作與人際交往。

注意：學會做你情緒的主人。

∫ 雙魚運勢

B型雙魚座的你，一生運勢不錯，你在物質上不虞匱乏，精神上也能得到滿足。

由於你天性不擅長制定計劃，因此你的人生幾乎就是在不知不覺、渾渾噩噩中度過的。但是你的財運

不錯，所以你在物質生活方面過得非常從容大方，甚至有時候會出現愛慕虛榮，虛擲浪費的行為。

在二十多歲到三十四、五歲左右，是你一生當中錢財出入最多的時期，這時千萬不可忘了節儉。

整體來說，你生活的各方面都不錯，很少會出現困擾。

注意：好的運氣是可遇不可求的。

∫ 職場命運

B型雙魚座的你擁有不俗的品味與傑出的才能，而且你又有順應力，有難得的直覺力、想像力、藝術的天分和羅曼蒂克的氣息。如果你選擇到了能充分發揮這些魅力的工作，那麼，你將會成為事業舞臺上一顆閃閃發亮的星星。

有時候，B型雙魚座往往沉溺於幻想，希望能透過一些省力的技巧得到想要的東西，他們的信條是：幸運、等待。但這往往是不可取的，幸運只給勤奮者，等待只會浪費時間，你只有透過自己的勤奮，才

能走好人生的每一條路，獲得事業的輝煌。所以，你要切記的是，工作時不要加入太多幻想，應該以勤為本。

勤奮可以使B型雙魚座更充分地發揮自己的聰明才智，做到任何天才所能做到的事，以及許許多多人所做不到的事。

注意：不做思想的巨人、行動的矮子。

∫ 社交技巧

B型雙魚座的你思維模式比較簡單，天性樂觀，在人際交往中往往比較粗心大意，不會把別人說的話記在心上，而且別人的煩惱也不會給你造成心理負擔，所以朋友們都喜歡找你傾訴煩惱或祕密。

你熱情、充滿愛心、樂於助人，幾乎不計較回報。你愛結交朋友和到處旅遊，生命對於你來說，是輕鬆快樂、自由自在的。

你的抗壓能力很好，似乎沒有什麼事情能讓你覺得很煩惱，即使碰到不開心或不順利的事情，你好好

的睡一覺後便會忘得一乾二淨。你不喜歡與人競爭，甚至有點淡泊名利的感覺。不過，朋友、上級交給你的事情，你都會很認真地去做。

B型雙魚座有一個缺點，就是不擅長拒絕別人，經常讓問題無止盡地延長下去，造成不好的影響，為自己增添不少麻煩。所以，你要學會說「不」，勿使自己吃虧而不自知。

注意：對人生笑一笑，人生也對你笑一笑。

O 型篇

Work Space or Battle Space?

Zodiac Signs vs.

Blood Types

七點看O型人

∫ 1.優點

執行能力比較強，踏實肯做；意志堅定，不會輕言放棄；熱情奔放，對愛情忠貞不渝；富有詩情，文采較好；有遠大的理想和抱負，不服輸；做事果斷，有魄力；獨立自主，不依賴別人；自尊心比較強；對生活充滿信心。

有良好的直覺力；善於照顧他人，富有人情味，和藹可親，知恩圖報；善於保護自己，不會被他人利用，守口如瓶；具獨創性，不受環境影響，注重個性，開放、開朗、率直。有主見，有領導力，有說服力，邏輯思維能力較強；易與人交談，重視人際關係；行動明快有信念；不會偷偷摸摸，做事光明磊落；淡泊寬容，能饒恕他人，有強烈的政治意識。

∫ 2.缺點

不太會設身處地為別人著想；有時候為了達到

目的，不擇手段；過於精打細算，反而無法盡情享受生活；慾望強烈，占有慾強；權力意識比較濃，升遷慾強；好下賭注；擾亂協調，缺乏耐性；脾氣暴躁，有些孩子氣；家族思想濃厚，派別性強，只會照顧親人；警戒心過強，過於自我防衛；自以為是，有時候頑固不化；好惡激烈，喜歡出風頭，自我宣傳；理由特別多，言行不一致；對他人的好惡很神經質；有過強的政治意識。

∫ 3. 特性

絕不可在O型情人面前對其他異性獻殷勤或示好，想要誰都討好，勢必會得罪O型情人。兩人間私密性的對談若透過第三者傳達，則必定會使O型人惱怒。對待O型男友不可得理不饒人，想指責他，就要先幫他找好臺階。O型者最忌別人頤指氣使，想要他俯首稱臣、命令他，不如協商或懇請。絕對禁止言談間有貶低對方的口吻。O型人先天特質上以自我為中心、愛表現，直來直往的性格，可能也會惹得他不高興。對於沒有良好氣氛和心理準備的性行為絕對要避

免。

∫ 4. 欣賞的類型

喜歡的對象要打扮入時且對自己身材容貌都頗有自信，個性活躍，談吐熱情又風趣等。

∫ 5. 戀愛訊號

可以天南地北地聊，表現最好的自己，舉出他們得意的事，設法給對方好印象，這是O型人的象徵。不過偶爾也會成為大傻瓜，扮演小丑的角色。

∫ 6. 財務觀念

相對於小心翼翼的A型人，O型人可稱得上是喜歡投資的血型，大部分的O型人都對數字有一定的興趣，對各種理財、投資項目都很有興趣，所以一旦他們決定要投資，數目通常不會太少。

如果你有一位O型的朋友，你可能會覺得他時而大方、時而小氣，原因就在於O型人比較實際，當他大方的時候，通常是他賺到錢或者對你有所求的時候。不過也不要因此對O型人敬而遠之，因為，當他將你視為知心朋友時，他會對你非常豪爽的！

∫ 7.服裝偏好

他們不喜歡鮮豔的色彩，整潔、穿著正統即可。對於服裝的設計，注重個性，選擇花樣為主的服裝。

O型在職場中的特點

1. 簡單快樂、隨和，缺乏認真。

2. 看上去很樂觀，但也總是保留一手。

3. 心地善良，對人坦誠，戒備心不強。

4. 充滿幻想、不夠現實。

5. 對於投入了感情的肌膚之親十分在意。

6. 聚會中總是充當調節氣氛的角色，視此為己任。

7. O型人當中大部分記憶能力超群。

8. 身體的疼痛感往往來自於精神上的壓力。

9. 對他人很信任，一旦有人背叛，挫敗感也是四個血型中最強烈的。

10. 平時脾氣好，但發起火來很恐怖。

O型人有著怎樣的創業格局

　　O型人是四個血型中最熱衷創業的了，他們個性隨和、待人熱情，廣受大家喜愛，因此人際關係不錯。O型人個性衝動，創業急於求成，頭腦容易發熱而讓自己做出衝動的事情。他們個性直率，又是富於行動的行動派。只要他們想到的，就會第一時間去做，加上他們固執的個性，很難聽進其他人的建議，容易冒進。心思細膩、行事謹慎的A型人是O型人最理想的創業副手。

　　總而言之，O型人屬於「衝動型」創業家。

O型人 VS. 十二星座

O型×白羊座

　♪　性格分析

　　O型白羊座的你，整體來說，性格的原則是「爽快、乾脆、果斷」，行動特徵是分析判斷型。無論做任何事情都慎重判斷當時的情況，要仔細看清事實，然後才付諸行動。

　　你人際關係雖然很好，卻不喜歡嘮嘮叨叨、情理不分、死纏活追的關係，無論做任何事，你都討厭拖泥帶水，喜歡乾淨俐落。你不以自我為中心，但是卻有很強的自我意識，不肯服輸，你最討厭在別人後頭做一隻應聲蟲受人指揮了。如果無法隨時走在別人前面，心中便覺得不舒坦。

　　你的另一個特徵便是富有人情味，雖然很重視人情世故，但是卻討厭曖昧的人際關係，你幫助弱小的意識非常明顯，尤其遇到路見不平的情形，促使你勇於挺身而出、拔刀相助。總而言之，你能容許別人來依賴你，卻不喜歡依賴別人。這種心態，或許能夠解讀成具有強烈優越感的表現。你很容易使周圍的人尊崇於你的領袖氣質，周圍的人會為你著迷，所以你容易被推舉為團體的領導者，這便是O型白羊座的你，

得天獨厚的地方。因此，你會比任何人都還要重視生存的價值，積極發揮個人原有的能力。身為別人部屬，你或表現出平庸無能的樣子，但是，只要有機會從人群中脫穎而出，你就會成為備受矚目的領導者，這或許就是O型白羊座的潛力。

不過在O型人中，白羊座是最積極而且很有冒險精神，這種個性導致他們在動機未完全成熟之前，就開始行動，毅然做出決定。這種草率的行動，自然是成功的例子少，而大多數都是因估計錯誤而失敗，或是被迫重新開始。你的好勝心，可說是由O型特有的浪漫意識，以及白羊座爽快的特質相融合產生的氣質。所以你不會因為一時的挫折而意志消沉，因為你是積極行動型，所以，你不會讓自己一直在失敗的悔恨中生活，這樣難免會讓人感覺好勝心過強但卻缺乏耐心。你不會因為好勝，而拒絕接受失敗的事實。同時也不會因為害怕失敗，而喪失行動的勇氣。

注意：你的性格比較爽朗，但是在拒絕別人請求的時候不夠爽朗，因此應格外注意不要被狡猾的人所

利用。

♌ 白羊運勢

O型白羊座的你屬於少年有成的類型，在年輕時即能獲得同齡人難以企及的成就。你的財運整體來說不錯，不會有缺錢花的苦惱；你為人大方，出手闊綽，但你並沒有看起來那麼闊綽，因為不會為錢做自己不愛做的事情，因此也容易錯失財運。若能學會合理地理財，財運會更佳。有可能經歷極為轟動的戀情，成就幸福的婚姻。但要記住再轟動的愛情都必將轉為平凡的夫妻生活，彼此信任和忠貞是最重要的。

注意：學會合理理財，可以加強你的財運。

♌ 職場命運

你有很強烈的自我意識，甚至連自己都沒有感覺到，你的個人意識常常讓你不願意服輸，討厭受到別人的限制。如果身邊能有人提醒你，你會更加客觀地應對問題。

你的性格有時會過分衝動，這讓小人有了可乘之機。你要培養自己的理智和冷靜，讓自己不至於頭腦發熱，造成不可挽回的後果。即使有小人污蔑中傷你甚至陷害你，也不要亂了手腳。先靜下心來反省反省是不是自己的過失，再想出對策來。

因為你擅長交際，當你遇到困難時，朋友們都會伸出援手，這讓你在職場總能逢凶化吉。有時吃一點虧，沒什麼大不了，小不忍則亂大謀，培養自己的忍耐力，方能在職場開拓出一片新天地。

注意：小不忍則亂大謀，要想在職場上獲得成功，就要培養忍耐力，隨時保持冷靜和理智。

∫ 社交技巧

O型白羊座的你性格活潑外向，待人誠懇熱情，屬於充滿活力的行動派，常常是大家關注的焦點。雖然你生性不太喜歡交際，但是你富有同情心、富有人情味，熱心助人，這讓你身邊的人都不自覺地依賴你。雖然你很少依賴別人，卻很喜歡被依賴的感覺。

所以你在朋友圈中深受大家歡迎。

　　但有時你衝動的個性讓你有些魯莽，最好多聽聽朋友的意見。

　　你隨和開朗的個性，讓你的工作搭檔很喜歡你，和你合作起來感覺很愉快。你享受成為眾人焦點的感覺，但有時收斂你的鋒芒，變得穩重一些，會得到更多人的理解。

　　注意：想獲得更多人的理解，就要避免鋒芒畢露，變得沉穩一些。

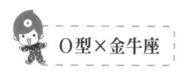

O型×金牛座

∫　性格分析

　　充滿行動性和意志力的O型，在金牛座的細心及從容不迫配合下，往往使出渾身解數的幹勁，發揮及時煞車的作用。凡事不慌不忙便是你處世的態度。O型金牛座的你一般說來，特徵就是做事從容不迫，任何事都能按部就班地去完成。金牛座的你不願意輕易

改變自己的生活習慣，是一個喜歡按自己的人生哲學行事的人。固執己見是他最為突出的性格特點，而且也是他最為主要的缺點。

你是從容不迫的實踐者，遇事不驕不躁，既不想走在別人面前，也不會有依靠別人一步到達目的地的慾望。你認為與其冒著跌倒的危險領先別人，倒不如安全地抵達目的地。但這並不表示你缺乏行動的意念，也不是不想付諸實行，只是行動時過於謹慎所以行動就顯得遲緩，猶如老牛拉車一樣。在別人看來，你們踏實、按部就班的這種個性常被誤以為是消極怠工和精神不振，而性急的人在緊要關頭常常會為你們感到擔憂，你這種保守的行為模式，大可理解為「皇帝不急，急死太監。」這種老黃牛的性格，在事業方面，可能產生正反兩方面的作用。一方面由於今天社會節奏快，講求效率，而你由於判斷力遲緩，所以常錯失良機。往往吃虧的是你，然而你的耐心和毅力卻將為你贏得另一方面的運氣。

O型金牛座的身上也絕不會出現因過於焦躁而做

下錯誤的判斷。人生就像是一場賽跑，對於O型金牛來講，即使是落後，你也將盡力跑完全程，O型金牛座極富有運動家的精神，是那種即使是失敗也要堅持到底的類型。

注意：需當機立斷及行動迅速的職業不適合你的個性和行動模式，應盡量避免，從事這些職業與你的天性相悖，你將不易把工作做得完美無缺。

∫ 金牛運勢

O型金牛座沒有太大的運氣，但卻小運不斷。靠著自己沉穩踏實的「老黃牛」作風，O型金牛的你雖然在自己偏執的個性下，容易錯失良機。但也能夠累積豐厚的人生閱歷和財富。

隨著年齡的增長，金牛的運勢越旺。你適合投資不動產，喜歡將精力花在一定會有結果的投資上，感情也是，看起來沒有結果的事情，你是不願意耗費自己的寶貴時間的。

你外表沉悶，但有的時候會做出驚人之舉，整

體來說不會太離譜，因為O型金牛座的你有自己的主見。你對待婚姻十分謹慎，一般能夠擁有平凡但不缺乏幸福的婚姻。建議你勇敢去愛，如果懦弱可能讓你失去一生的最愛。

你很有長輩緣，子女也十分孝順。在事業方面還需花更多的心思。

注意：在事業上需加倍付出努力才行。

∫ 職場命運

你是職場中的老好人，同事們遇到什麼技術上的難題會向你請教。情緒上的波動、心態的不平衡等也會找你傾訴。但你固執己見的個性也得罪了不少人，要學會圓融變通，處世靈活一點，不然你只能看著本該屬於你的機會從你眼前溜走，甚至被自己信任的人奪走。

你要試著從別人的角度考慮，接納不同的意見。堅持你的信念固然是優點，但在達成的過程中可以做出相應地變通。

你很謙虛謹慎，但有時過度的謙虛顯得你很自卑。正確地評價自己對你來說很重要。

注意：堅持你的信念固然是優點，但也要學會適時地變通。

∫ 社交技巧

O型金牛座的你天生不擅長交際，但你溫柔敦厚的個性，讓大家十分信賴你。你遇到危急情況總能從容不迫，冷靜對待。加之，對待別人的要求你不懂得拒絕，即使你很難做到也會應承別人，有時會無形中給自己樹敵。

你的個性容易招致極端，讓喜歡你的人很喜歡你，討厭你的人很討厭你。你給別人的第一印象總是很好，但要真正交到知心的朋友卻很難。一旦認定對方是你真正的朋友，你會對他忠心不二，直到對方背叛你為止。多參加一些朋友聚會，多去一些社交場合，會開拓你的視野。千萬不要經常宅在家哦。

注意：多參與社交場合，鍛鍊社交技巧。

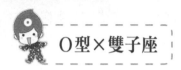

O型×雙子座

∫ 性格分析

O型雙子座的你,從性格方面來講,簡單地可以說是多面行動型,雙子座的多面性和O型的行動性相結合,形成你開朗、活潑的個性。此類型的你,存在著兩種性格,一個好動,一個安靜,懦弱和逞強同時存在你的內心中,可以說是兩個極端並存於一個人,而恰恰你很容易被這種情況所迷惑,這種矛盾甚至分裂的性格,會使你在作重要決定的時候猶豫不決。結果,你所下的決定一般來講都是很草率的。

O型雙子座的你,求知慾和好奇心都很強,興趣愛好更是廣泛,加上你活潑的個性,只要對一件事物產生興趣,立刻就會展開行動。同時追求二、三個目標,對你來說一點也不稀奇。當然,主要還是你具有博學多才的條件。因為具備這種獨特的雙面性格,O型雙子座常常會做出腳踏兩條船的事,同時追逐兩個

目標對於他們來說一點也不稀奇，自然而然他們的精力就會因此而分散。由於本身就已經很混亂，在這種情況下再要做出準確的選擇，想必是更加困難。

0型雙子座的你，在對於流動資訊的捕捉方面相當敏捷，你接受新知識比一般人快，掌握情報也是先於他人。雖然你博學多才，但是大多時候你的論點雖多但見解都不夠深刻精闢。所以，0型雙子座的你，外在表現是爽朗、不拘小節、個性開朗，但是你的缺點就在於你缺乏持久力與意志力。舉例而言，在處理事情的過程中，你的目標是很明確的，但是當實施起來的時候，你就很容易被臨時的困難所嚇倒，一蹶不振，或者是處理問題的時候馬馬虎虎，不夠仔細。這樣的你很容易因為細節而與成功擦肩而過，這便是你性格上的缺陷。

0型雙子座的你，想法、做事都非常靈活，具有通融性，在任何環境中你都能適應。由於你才能出眾，因而，處理突發情況的時候你比別人敏銳，反應速度也比一般人快，所以也容易招致嫉妒，因此，你

張揚的個性經常會遭到別人的不滿。

注意：最大的優勢在於知識積累豐富，興趣愛好廣泛。缺點也與此相關，了解的廣泛而思考得不夠深入，容易敷衍了事和半途而退，這是你行動時的最大阻力。

∫ 雙子運勢

一生當中，O型雙子會遇到大大小小的波折，並不是一帆風順。但會有朋友、親人的鼎力相助，可以化解危機，中晚年運勢逐漸轉好。

O型雙子座的典型性格特點是雙重性格，即能隨機應變，又能順應環境的變化。在本職工作之外，還能從事副業，不斷積累財富。你的財運較為波折，一生會小有積蓄，從不會為錢發愁。你為人大方，出手闊綽，讓別人感受到你的義氣，交到更多的朋友。

O型雙子座的女性婚後不是一個稱職的家庭主婦，仍會有自己的事業。建議將中心稍稍向家庭偏移一點。

注意：O型雙子座女性的你，最好將家庭、事業兼顧。

ſ 職場命運

O型雙子座的你具有協調一切事務的能力，思維敏捷、反應迅速，你不喜歡受約束、受制約，所以不太適合規律的朝九晚五的工作。你是天生的勞碌命，許多事情你都事必躬親。有時因壓力過大，會帶來工作上的重大失誤。你必須以一顆放鬆的心態來面對工作，這才能讓你充分發揮你的能力。

你擅長協調各方面關係，和同事在工作上的合作會很順利，但你為人較為刻薄，說話不太講究技巧，常常會得罪同事。但你活潑開朗的個性會有一定的彌補。

注意：多多鍛鍊你的交際口才，職場中的你會更受大家歡迎。

ſ 社交技巧

你活潑開朗的個性往往會給大家留下很好的第一印象，你是典型的「刀子嘴，豆腐心」，往往嘴上不饒人，但心地卻很善良。你的「毒舌」會讓你得罪不少人，若不改變說話方式，可能會民心盡失。

在聚會中，你常常是組織者，從約見朋友到最後聚會結束，你都扮演著重要角色。雙子座是坐不住的那一種類型，在週末時待在家裡會讓他們覺得很悶，常常和朋友聚會或外出遊玩。

在個性上O型雙子座的你容易鑽牛角尖，喜歡和別人爭論，你很難向對方認輸，即使已經爭論輸了，嘴上絕不鬆口。

你容易陷入辦公室戀情，與其遮遮掩掩招來流言蜚語，不如大大方方地承認，這會為你的戀情加分不少。

注意：說話動聽些，大家更容易懂你的善良。

O型×巨蟹座

∫ 性格分析

你是一個典型的熱愛生活的人，你的想法現實絕對不會與生活脫節，你的感情豐富，不流於空洞的理想主義，這或許是由於O型氣質的緣故，所以O型巨蟹座的你傾向於實利主義。O型巨蟹座的你，具有強烈的惻隱之心而且感受性特別敏銳，對於敵我分得很清楚，O型巨蟹座的你不經意地總是尋求保護，這是O型巨蟹座的與生俱來的特性。在現實生活中，你具有居家的現實生活能力和適應能力，你始終保持著價值觀與行為準則的一致性，對於現實情況你絕不會反抗，換句話說，一旦你所處的現實生活情況發生改變，你也會很快隨之做出調整。反過來講，如果現實狀況不發生改變，你也沒有主動改變現狀的想法。

總之，O型巨蟹座的你，絕對不會因環境產生變化，而感無所適從。你會不斷尋找一個可遵循的典範，或者是發揮你的才智向智慧團體靠攏。一般說來，這一星座的人很容易贏得他人的支持和好感，你具備強大的對奇異事物的感知能力，而且相信機遇，

實際如此，幸福之神也常常眷顧你。

O型巨蟹座的你，不輕易改變傳統的世俗的觀念和生活形態，這種生存方法看起來很保守，儘管在現實生活中它已表現得很不適用，你仍不願做出改變。一般而言，O型巨蟹座的你，對於事物的價值觀和實際生活的態度都很保守，即使有時你的思想會有所轉變，但你仍不會趨附潮流，走在時代的前端。在社會生活中，你很在意自己勢力範圍的界限，對於自己的許可權劃分得一清二楚，你在潛意識裡把自己的生活領域規劃出來，並且討厭別人闖入自己的生活領域中。你能夠把自己勢力範圍內的親友照顧得相當周到，但是與你無關的人，你常常顯得很冷淡，吝嗇自己的感情。因此，O型巨蟹座的你，你在待人接物過程中常把關係劃分得很明確，並能夠以不同的態度來面對他們。

注意：固執己見，是你人際關係失敗的主要原因，應努力從自身找問題，積極聽取他人意見。

∫ 巨蟹運勢

一生極不穩定，戲劇性較強，可能一夜富貴，也可能頃刻名聲盡毀。在少年以前過得極為坎坷，但後來運勢漸佳。一生中坎坷的經歷，都被O型巨蟹座生來的樂觀個性和堅韌品質所克服。晚年有子孫福，之前所做的努力在晚年都會有所回報。

O型巨蟹座的你擅長交際，很講義氣，所以擁有極好的朋友運。朋友中多大富大貴的人，這些人無論在生活中還是事業上都會給予你很大的說明，給你的人生帶來好運。所以你不要吝嗇交際上的花費。

你的結婚對象是自己的同學、同事或朋友，起初物質生活並不豐富，但你們很有長輩緣，在長輩的扶助下漸入佳境。你可能會有金錢的糾紛，在處理金錢問題上，最好謹慎一些。

注意：認真地生活，是穩定運勢的關鍵。

∫ 職場命運

O型巨蟹座的你具有很強的適應能力和學習能

力，無論在任何工作崗位都能得到同事的認同和領導的讚賞。因為你天生性格溫和並且樂於助人，總能贏得大家的信賴。但因為你有極強的好奇心，說話不講究方式，所以在隱私方面可能會傷害別人。

你擅長人際交往，但也因為在人際上的紕漏給自己帶來很大的麻煩。因為有時你看人的能力不夠強，喜歡憑藉第一印象來判斷人，如果能克服這方面的缺點，你將在職場中洞察人際交往的規律，使自己在職場中更加得心應手。

注意：性格是把雙刃劍，學會平衡。

∫ 社交技巧

0型巨蟹座的你，感情比較細膩，天生樂善好施，這讓大家很喜歡你。但你的個性比較保守，交際圈子相對要窄一些，朋友大多是自己的同事、同學，你喜歡固守在自己的小圈子裡自得其樂。你對自己圈子裡的朋友相當仁慈、善解人意。但對不屬於自己圈子的陌生人，就十分冷淡，各嗇付出自己的感情。你

對待人際關係敵我分明的態度，會讓你十分吃虧。

你的感覺十分敏銳，對藝術比較有天賦，而且自己也有不少藝術圈的朋友，建議你以自己興趣圈為基礎，有意識地拓展自己的朋友圈，你會發現自己的生活會更加豐富多彩。

注意：多結交有共同興趣愛好的朋友，你的社交會更加豐富多彩。

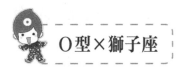

O型×獅子座

∫ 性格分析

O型獅子座的你，活力十足，眼界開闊，在性格上最大的特點便是具有旺盛的行動力，一旦遇到阻礙，你會立刻改變方向，而不是停留在原地思考或是懊惱，明智的你會離開他，開拓一片天空。

不拘小節，心胸開闊，正是O型獅子座的你擁有的魅力。你不但不會計較部屬的過失，而且會巧妙地讓部屬自行反省，若是身旁有意志消沉的人，你便會

以天生爽朗活潑的個性來溶化對方,這也是作為一個領袖應有的胸襟和氣度,所以你的人緣非常好。由於你的心中充滿活力,你在行動的時候也不忘為自己做宣傳,這種過分自豪的態度,表現在行動上時,就會引起周圍人的厭惡。所幸,O型的氣質能很好地幫你控制獅子座裡過分自信的成分,O型獅子座的你,有時因為不注意會用強迫的態度向別人表示善意,你的出發點是好的,所以你那種略帶強迫的態度,也容易令對方忽略,這也可說是O型獅子座另外一種魅力所在。

O型獅子座的你,就像一棵永遠朝陽的向日葵,無論何時何地,都無法削弱你的進取心。這種進取精神,會催促著你無論別人說什麼,盡量不聽。隨著社會地位的升遷,你很有可能變得自滿、驕傲,甚至成為目中無人的獨裁專制的情形。此型的你,把世間看做是自己一個人的大舞臺,擅自演著獨角戲,你這種旁若無人的態度,經常會使周圍的人不滿。

無論何時你都有喜劇化的人生,你無法忍受生活

的灰暗和行動遲緩的人生。你認為，如果你的虛榮心得不到滿足，那活著還有什麼意思？從氣質上來講，O型獅子座可稱得上是烈焰型，再加上O型積極的行動性，這兩種性格碰到一起，就猶如火上加油，在這種組合下的O型獅子座，熱情有勁的你，經常會有路見不平，拔刀相助的行動。雖然具有「赴湯蹈火，在所不辭」、「雖千萬人吾往矣」的勇氣。如果對方想吸引你，那麼他富挑戰性的對象，這是因O型獅子座的你，憑藉內心的驕傲，你一輩子都可能不會重複這一件事了。

注意：切忌一定要改掉性格中囂張和自傲的特性，否則，很容易使人對你的善意產生誤解。

♌ 獅子運勢

O型獅子的運勢較強，因為天生的領導才能，在年輕時即能達到較高地位。在任何場合，O型獅子座都能發揮自己的領導才能。

O型獅子還擁有極強的朋友運，能夠結交許多良

師益友，在人生道路上給予及時的指引，並在關鍵時候能幫助你走上領導崗位。

你的缺點是名利心太重，將名利看做自己畢生追求的目標，不達目的很難甘休。因此，你在一些重大抉擇上常常會犯錯。貪圖榮華富貴，貪念榮譽成就，這可能會給你招來橫禍。

你和父母的感情淡薄，年少時的叛逆深深地傷了父母的心，經過時間的洗禮，和父母的關係才慢慢轉好。你的適婚對象是沒有太大野心，感情較為冷淡的人。

注意：把名利看淡一點，把感情看重一點。

∫ 職場命運

O型獅子座的你天生具有貴族氣質和縱橫天下的霸氣，無論在什麼場合，你都散發出耀眼的光芒，職場更是你表現自己的絕佳舞臺。你會不自覺地顯現出領導氣質，並且讓大家服從你的指揮。

你擁有很強烈的責任心，屬於加班狂的類型，

只有在努力地工作才能讓你有歸屬感。你有擁有很強
的組織能力和耐力，是天生的管理者。你對待同事像
家人一樣，對待上級像兄弟一樣。但你有的時候過於
獨斷專行，會忽略他人的意見，這常常讓你成為眾矢
之的。要記住多聽取他人的意見，也是一種領導藝術
哦。

當你還沒走上領導崗位時，因為你不服輸的個
性，常常和領導起衝突，變成同事不喜歡，領導不待
見的人。雖然你很有實力，而且心性不安定，容易受
誘惑。最好不要從事副業，這樣會分散你的注意力，
應將注意力投入到一份固定的職業，才能在職場更加
一帆風順。

注意：多聽取他人的意見，在領導崗位上會坐得
更穩。

♪ 社交技巧

O型獅子座的你屬於精力旺盛的行動派，渾身充
滿了活力，感染你身邊的人也變得陽光起來。你熱心

助人，擅長在眾人面前表現自己的優點，因此大家都很喜歡你。

但你有的時候顯得有些急躁，固執己見，不容許有人扯你後腿。你的虛榮心較強，喜歡聽阿諛奉承的話，這是你的致命缺點。若能注意和改正，你的能力更能得到充分發揮。

你的個性活潑開朗，你身上的陽光魅力和領導才能，征服了很多人，但有時你以一種命令的方式表達你的善意，這容易引起別人的誤解。

忠言逆耳，學會聽取不同的意見。善意若表現不當就成了惡意，注意方式。

注意：表達自己的善意時，要注意表達方式。

O型×處女座

∫ 性格分析

O型血處女座的你，是韓劇中最甜美純真的角色，你對愛情專一而執著，並兼具強烈的責任感。此

類型的男生往往不具有雄才偉略，但是卻有將對方捧在手心，照顧好家庭的能力。你聰明伶俐，從小深得老師和長輩的喜愛。你對人生總是有很多夢想與目標，即使有的你知道根本實現不了，但是還是會時而做上「白日夢」，並會為夢中的美好藍圖而竊喜。由於你非常具有智慧，所以往往會身邊人覺得你在「耍酷」而讓他們有距離感。其實，了解你的人才知道，你為人熱情，對生活充滿感恩，對待事物非常積極樂觀，對待朋友更是沒話說。但是，你是非常理性的，尤其是在面對新事物和陌生人及作出決定之初。正是基於這種理性的意識，加上你平時比較關注法律的懲罰性措施，所以你絕對有不違法的本領。

　　當然，有人說處女座的你在生活中是潔癖，但其實你只是對他人的「行為」或環境要求較高，而自己也是個隨性的人呢！你無論對人對事都喜歡直來直去，不喜歡「話裡有話」的感覺，當然也比較厭惡那種在背後捅刀的小人。你對待身邊人與事認真的態度，經常能夠給朋友帶來一種霸氣感。但是，儘管如

此，朋友們就是喜歡你這種真誠、不做作、不馬虎的表現。

O型處女座的你也許經常思考這樣一個問題：人活在這個世界上，究竟應該追求什麼？是金錢？是名譽？是地位？還是快樂？也許有的人會說，當然是金錢了。俗話說得好，有錢能使鬼推磨麼！在這個物慾橫流的社會，有了金錢似乎等於擁有了一切。但是，我們還是看到很多有錢人照樣有著我們尋常人的煩惱，一樣過著不開心的生活。錢不是萬能的，但沒有錢是萬萬不能的。金錢固然重要，因為它能讓我們衣足飯飽以滿足我們最基本的需求，但是它買不到真情，也買不到快樂。這個道理沒有人比你更懂了。

O型處女座的你有種「任爾東西南北風，我自歸然不動」的心態。你能用冷靜的心態去看待身邊發生的一切事情，並對這些事情作出較為客觀的評價。O型處女座有著天生嚴於律己、寬以待人的傾向，對自己要求非常嚴格，甚至有點神經質，但是對待身邊人卻能夠顯示出一種寬容與諒解。由於你做事認真，並

且給人一種冷酷的印象，所以剛剛認識你的人都會覺得你是一個非常傲慢而難纏的傢夥。如果O型處女座的帥哥美女們能夠發揮O型人的基本特徵——親切感與領導才能並重的話，將會收到意想不到的效果。

注意：若是太過於堅持真自我，往往會讓身邊人產生距離感，不利於人際關係的開展，也會對仕途產生一定的影響。

∫ 處女運勢

你的人生運勢一般，但因為認真勤勞的人生態度，無形中給你自己創造了好運氣。你會得到貴人的幫助，在事業、婚姻上都能達到你的理想。你很有可能因為朋友帶來財運，過得比較寬裕。但切不要把致富的希望放在投機上，不然會落得人財兩空。

在交朋友方面要學會鑒別，要交良師益友型的朋友。若交到小人型的朋友，可能會給你的人人生帶來厄運。

你很有父母緣，你很孝順自己的父母，子女也很

孝順你，不會因家庭關係的不和諧而憂心。

注意：交到真正對你有幫助的朋友，是你開運的
關鍵。

∫ 職場命運

O型處女座的你，做事認真，毫不含糊，讓人信
賴。在工作上臻於完美，讓欣賞你的人更加認同你，
讓你的搭檔信任你。但你對自身的完美要求，會無意
識地滲透到其他人身上，讓人感覺你過於冷血、過於
苛刻。如果你的個性以積極、熱情的方式表現出來，
既把自己的分內工作做好，又幫助合作夥伴共同做好
工作以達到你的要求。在人際交往上更加圓融一些，
你會成眾人敬仰的對象。

你的判斷與分析能力強於常人，適合做分析研究
類的工作，這讓你更能發揮你的特長。若糾結於自己
不喜歡的工作，會成為你壓力的主要來源。

注意：在人際交往上更加圓融一些，你會成眾人
敬仰的對象。

∫ 社交技巧

O型處女座的你個性比較保守，處世比較謹慎。自身良好的家教，讓你在社交場合散發優雅的魅力，雖然你自己並未察覺到。若能夠更加大方一些，更加健談一些，你會吸引更多的目光。

O型處女座的你，自尊心很強，神經比較敏感，待人經常好惡分明，無意中會得罪一些人。你的眼睛裡容不得沙子，對待別人的缺點深惡痛絕，卻看不到自己的缺點。你喜歡批評別人，卻聽不進別人對自己的批評。

注意：隨時保持空杯心態，虛心聽取意見，會提升你的交際魅力。

O型×天秤座

∫ 性格分析

O型天秤座的你是個性情溫情的人。無論待人待物都顯得十分得體，不走極端。冷靜與靈活是你們的

性格特徵。所以，你特別討厭發生爭吵，為了保持美好形象，你不會選擇在大庭廣眾之下輕易動怒。在這種情況下，你給人的第一印象是非常好的，因為身邊的人會覺得你溫文爾雅、處事大方、適合交往。

O型天秤座的你，具有天生的一種唯美意識，是典型的理想主義者。你是美的追求者，是美的代言人。就拿用餐來說，即使是最細微的部分，你也會嚴格挑選出精美的食材與作料，作出最完美的一餐。但是，物極必反，過分地追求細節完美的O型天秤座也容易變得粗俗淺薄，不重內涵、只重外表。如果這種性格強烈地顯露出來，就會使自己變成令人討厭的輕佻型人物。

O型天秤座的你，做事情比較講求效率與品質的良好結合。不喜歡拖拖拉拉地完成工作，不喜歡猶豫不決的做事方式。所以，好人緣是你們的過人之處。人們會發現，你永遠是人群中的焦點，大家喜歡圍繞著你。你的親和力與向心力是別人不能比的，也正因為如此，你和社會中很多紳士與淑女一樣，熱愛交

際。

O型天秤座的人，有兩種典型的性格類型：一種是猶豫不決型；另一種是黑白分明型。但是對於第二種類型的O型天秤座的人來說，其實是容易走入極端的陷阱的。

注意：不要過度地關心外表，要更加注重人心，將心比心，可以使你交到更多的朋友。

∫ 天秤運勢

O型天秤座的人生態度是等待而非衝刺，安於現狀，不去積極地開拓自己的人生版圖，所以O型天秤座的運勢平平，還伴有大大小小的波折。

你的人生中可能會經歷很大的痛苦，可能是由於自己的家庭造成的。你的婚姻伴侶不是自己的理想伴侶，可能會再婚。你再婚的對象可能是有錢人，你又很擅長積累財富，財運較佳。

注意：若你能制定自己的人生目標，積極努力地去實現，你的人生運勢會慢慢好轉。

∫ 職場命運

你很會協調人際關係，絕不會輕易和別人發生爭執，即使發生不可避免的爭執也能很妥善的處理。你的事業心不是特別強，你選擇的工作全憑自己的興趣，你不會強迫自己做不喜歡的事。

你在職場中屬於中庸的人，對工作不是那麼拚命，但你很有責任心也很能吃苦，對自己分內的工作能夠完成的很好。你在職場中屬於受大家歡迎的類型。你能夠應對複雜的職場鬥爭，對職場潛規則有清醒的認識。若你能培養自己的決斷力，你能贏得更多的支持者。

注意：要想贏得更多的支持者，就要注重決斷力的培養。

∫ 社交技巧

O型天秤座為人溫和，寧可忍氣吞聲也不會給自己樹敵。很多人都願意接近你，你的朋友非常多，生活得很熱鬧，但大多是泛泛之交。知心的朋友很少，

因為你的防備心理比較重。大聲地説出你的真實想法來，會讓朋友覺得你更加誠實可信。

你天生優雅從容，社交圈裡都是和你一樣優雅的紳士、淑女。

O型天秤座的藝術天賦十分突出，你在音樂、美術、戲曲等藝術領域都有涉獵。

注意：多和同一個興趣圈的朋友往來，你將獲得更多志同道合的朋友。

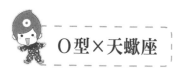

O型╳天蠍座

∫ 性格分析

O型天蠍座的性格十分複雜，幾句話難以概括。O型天蠍的外在個性對天時地利人和的要求極高，根據不同時機表現出不同的特點。同樣是O型天蠍座，不同的人又會有不同的差異，但整體來説O型天蠍座的你，具有顯著特徵：固執己見、意志力驚人、信念堅定。這幾種複雜的個性綜合起來，就會顯得相當矛

盾。但是，嚴格說來，O型天蠍座的個性以天蠍座的強烈的個人意識為主。O型的氣質被掩藏在天蠍的氣質之下。你平靜的外表，讓你在第一次和別人見面時容易忽略你，但是，你具有相當令人震驚的深沉，你頑強的意志力也是其他星座血型無法比擬的。你的意志力穩如磐石，任何人難以動搖。

你的另一個顯著特徵是富有豐富的想像力，你在社交上常常陷於被動，直到找到和你志同道合的人，就會完全地信任對方。你常常運用敏銳的直覺和奇異的想像，洞察他人的心思，掌握他人的心理。你在交友上容易愛恨分明，對你第一感覺不喜歡的人愛答不理，絕不會說迎合對方的話。同時，你的平靜冷漠的外表給人拒人千里之外的印象。

其實，你本質上是真誠善良的人，你信奉諾言，很少做出承諾。一旦說出承諾，就堅決會遵守。你的朋友都十分地信賴你，但你害怕朋友太過了解你，有時你會故意隱藏自己內心，顯現出一種神祕的樣子。你的占有慾也很強，一旦你感興趣的東西，你就會想

方設法得到手。在感情上更是如此，因此你會陷入各種糾紛中。

因為你天生堅定的意志力，在性格上顯得頑固而剛愎自用，登上領導崗位的你可能會因此而受同事的排擠。你十分要強，自尊心很強，很難向強者低頭，你不服輸的勁頭讓你暗暗努力，爭取有一天能超過自己假設的敵人。對於他人的建議，你不置可否，依然按照自己的意見行動。在別人看來，你是個不折不扣的頑固派。

注意：你無意中流露出的神祕氣息，常常會掩蓋你誠實善良的本質。

∫ 天蠍運勢

O型天蠍座屬於大器晚成型，年輕時並不怎麼順利，但到了中晚年，之前所做的努力都能實現，人生步入坦途。

在愛情上也不是特別順，有可能被情人背叛，但因為O型人的樂觀性格，不會給你造成太大的傷害。

你可能不止一次婚姻，歷經波折才在最後獲得美滿的婚姻。

雖然各方面都會遇到些小挫折，但你很有朋友運，每次都能得到朋友的幫助，化危機為轉機。你自己的冷靜理智也增強了自己的運勢。

注意：保持冷靜理智，可以增強你的運勢。

∫ 職場命運

O型人和天蠍座的結合，是你綜合了敏感多情和頑固堅定的個性，這兩種相反的氣質使你在別人眼中顯得神祕。但你能在適當的時機展現你令人喜歡的一面，還需要將兩者保持平衡，不至於過分矛盾。

你擁有堅忍不拔的意志力，在工作上遇到任何苦難都不會亂了手腳，這讓大家十分信賴你。

你冷靜理智的態度，容易讓人覺得你冷血無情，置身事外，這讓人無法容忍。有的時候你表現出你主動積極的一面來，更容易獲得大家的共鳴。

注意：在和同事合作時，要加強與合作夥伴的溝

通，你們的合作才能更加和諧。

♪ 社交技巧

因為你不會刻意地迎合別人，對人敵我分明的態度和很難信任他人的心理，你的知心朋友並不多。你的朋友都是你喜歡並且和你志趣相投的人，對你討厭的人你會很明顯地表現你的反感情緒，反之你冷若冰霜的外表常常讓人誤解你是難以接近的人。在人際交往上，你要以百倍的熱情對待，才不至於淪落成孤家寡人。你認為真正的朋友中，可能有不是真心對你的人，還有可能遭遇情人的背叛，你要學會更加敏銳地洞察他人。經常參加一些交際活動，會擴大你的交際圈，也會有更多的機會交到真正的朋友。

注意：在人際交往上，以百倍的熱情對待，就不會讓自己淪落成孤家寡人。

O型×射手座

∫ 性格分析

O型射手座的你，性格熱情奔放，態度落落大方，即使第一次和陌生人見面也絕不害羞，能迅速和他們打成一片。你具有寬廣的胸懷，你具有遠大的理想和熱愛自由的品性，你討厭被束縛。因而你也重視其他人的感受，經常為他人著想。你會在不過多干涉別人的基礎上，以別人很好接受的方式去說明別人。

O型人是敢說敢做的類型，行動力極強。綜合射手座的活力，O型射手更富有靈動性。O型射手座的你，判斷力很強，加上你的行動力。你經常朝著正確的方向，一步步達成自己的目標。你無論在工作、戀愛、交際中都表現出無比的熱情，你富有激情，並毫不吝嗇消耗激情。儘管有的時候你顯得有些浮躁，但整體來說是受大家歡迎的人。

同時，你的興趣十分廣泛，對某個興趣的熱愛不會持久，這顯得你有些反覆無常。因為射手座的個性中有忽冷忽熱的基因。熱情時，你對別人無比熱心。冷淡時，你拒人千里。你這種變幻莫測的個性，

讓你周圍的人很難把握。但你本性純樸，性格坦率不做作，這是你吸引大家的地方。你胸無城府的單純，對你的人際交往十分有利。但要小心小人利用你的純真。一旦你遭受陷害，你絲毫不掩飾自己的憤怒。無形中為自己樹立了難纏的敵人。

O型射手座的你兼具O型唯美的欣賞品味和射手座的藝術天分。你對藝術的感覺十分敏銳。你不僅重視外在美，更重視內在美。你喜歡研究未知的領域，特別是科學與哲學，對神祕的占卜術也十分感興趣。

注意：你的反覆無常的個性可能是你的最大缺點，為自己定心。否則見異思遷、朝秦暮楚，你會失去自己的信用。

♐ 射手運勢

年輕時的運勢低迷，三十五歲後開始有轉機。在三十歲左右會遇到重大的人生變故，可能會有親人離開，跌入人生最低谷。但有貴人相助，三十五歲之後漸入佳境。

可能會有兩次或兩次以上的婚姻，會遇到家庭反面的困擾，也是因為婚姻。

擁有極佳的朋友運，無論是在人生低谷還是人生高潮，你的朋友是你的情感支柱，並給予你極大的幫助。

你很有長輩緣，深受長輩們的喜歡。但子女緣較薄，你第一個孩子可能會和你不合，但在成人後和你的關係漸漸和睦。

注意：只要以積極向上的陽光心態生活，再低迷的運勢也可以扭轉。

∫ 職場命運

O型射手座渾身充滿活力，思維、行動都相當敏捷，經常會提出很好的創意。在創意創造價值的當今，你是難得的人才，很容易得到上級的賞識。你十分努力，很有幹勁，但一直往前衝的你可能會忽視和同事間的協作，顯得不那麼合群。職場是一個十分需要團結協作的地方，你要回過頭來配合他人的步調，

這樣才不至於被踢出局。

　　婚後的你不適合做全職主婦或全職煮夫，保留你的職業，才能獲得美滿的婚姻。

　　注意：家庭與事業兼顧，讓你感覺存在的價值。

♪ 社交技巧

　　O型射手座大多是熱情開朗善於交際的人，即使第一次和陌生人見面也能大方得體，迅速和人打成一片，贏得大家的好感。但是你也會有害羞的時候，這正是你可愛的地方。

　　因為你熱愛自由，討厭被束縛被管制，所以你很少干涉別人的事情，即使是自己的親人朋友。你很樂於助人，無論誰有困難都會盡自己最大的努力幫忙，當然是別人請你幫忙的情況下，否則你不會主動伸出援手，因為你怕別人認為你多管閒事。不了解你的人會誤解你袖手旁觀。

　　但是你本性真誠樸實，你熱情的時候會顯得十分真誠坦率，這會彌補你較為冷漠的一面，也是你最讓

朋友們喜歡的一面。

射手座、摩羯座、天蠍座是和你很有默契的星座，你會交到這幾個星座的知心朋友。

注意：隱藏你的冷漠，多展現你的熱情，你會更受大家歡迎。

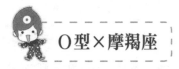

O型×摩羯座

∫ 性格分析

O型摩羯座，是埋頭苦幹的實踐家。你會提前制定好翔實的計畫，並踏踏實實地、堅持不懈地達成自己的目標。你不怕吃苦，對逆境有著頑強的忍耐力，無論條件再艱苦，你也能頑強地去完成自己的任務。你行事謹慎，不做自己沒有把握的事情。你對新奇事物有好奇心，但因為好奇而貿然做對自己無益的事。並且你對自己的計畫深信不疑，你堅持自己的主張，無論別人怎麼勸你。

你生來就像勤勤懇懇地老黃牛，默默地在自己的

土地上耕耘。而你冷漠寡言的性格，讓人難以靠近。你從不抱怨，但你屈從命運的做法讓你身上籠罩著一層悲劇色彩。你似乎經常十分憂鬱。而你墨守成規、不喜歡突破的個性，又給人保守固執的印象。但當你身上O型富於彈性的社交能力發揮作用時，才會給人隨和的感覺。

其實，在你沉默的外表下面，你有著火熱的激情和詼諧幽默的一面，你只會在你的親人或知己面前才會顯現出來。你對自我嚴苛的要求，讓人覺得神聖不可侵犯。

雖然你誠實穩重，但是你身上的憂鬱氣質，使你在聚會中顯得落落寡合，本來熱鬧和諧的氣氛，可能因為你的存在而被破壞殆盡。其實，這並不是你的本意，你本來就不適應人多的場合。但這的確是你很大的缺點，若不克服，難免變成孤家寡人。

注意：對自己有很高的要求無可厚非，但是你嚴肅的外表讓人對你敬畏三分，不敢靠近你，就不太好了。

∫ 摩羯運勢

O型摩羯的運氣不是很好，幼年時就開始有一些小波折，和父母、兄弟姐妹的關係不好，嚴重者甚至離家出走。二十歲左右和親人的關係開始緩和。

自己規劃的人生常常達不到自己的理想，但憑藉自己頑強的意志力，雖然遇到很大的困難，也都能夠克服。

不太適合早婚，早婚很可能導致離婚，晚婚可能幸福。和伴侶會經歷較長時間的磨合，但是最後一般都能牽手一生。

你很會理財，既會儲蓄又能在投資上獲得收益，會有不錯的財運。但最好不要投資股票等風險較大的投資，基本上不會致富反而會有破產的危險。

注意：穩健投資，可生財運。

∫ 職場命運

O型摩羯在職場上的天賦並不突出，可能和自己同一個起點的人已經小有成就，你仍然沒有大的起

色。但你千萬不能急，你的持久性和耐力是強於其他血型星座的，只要持續不斷的努力，一定會達成自己的目標。你比較專注在某一個行業中，不適合頻繁轉行。

你的自信來源於自己在職場上的成績，但也不要過分自信，隨時保持空杯心態，才能在職場上獲得更大的成就。

你在職場上的自我傾向較為明顯，這種態度最容易引起上司和同事的反感。要培養自己的包容能力，虛心接受別人的建議。另外，在你熟悉的領域你容易侃侃而談，甚至忽視對方是否感興趣。學會察言觀色，才是真正的職場達人。

注意：職場中積極奮鬥的你，定能笑傲職場。

∫ 社交技巧

O型摩羯的人性格較為封閉，喜歡獨來獨往，所以朋友不多，但僅有的幾個朋友一定是非常知心的朋友。可能會因為朋友的離別或者背叛而影響自己的生

活。

你為人嚴謹，做事勤奮踏實，無論朋友讓你幫什麼樣的忙，無論完成的困難有多大，你都能泰然處之，最後幫助朋友解決困難。這讓大家對你很放心，但你固執保守的個性，讓一些人對你避而遠之。

試著讓自己活得輕鬆一些，向別人展現你最真實的一面，喜歡你的人會更多。多和人接觸，訓練自己的交際能力，向別人敞開心扉，你才能在社交上更上一層樓。

注意：以輕鬆的心態與他人交際，在職場中你會越走越順。

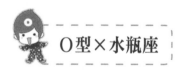

O型×水瓶座

∫ 性格分析

O型水瓶座的你，人情味很濃，十分重視跟身邊的人的感情，同學、同事、朋友、鄰居、客戶，你都會和他們保持穩定的感情聯絡。而且你總是設身處地

地為他人著想，你和她們相處，一定會讓他們感覺舒服。當然，你自己也保持著良好的心態。

O型人強大的社交能力，你很會營造熱鬧輕鬆的氛圍。熱情爽朗的你總是給人留下很好的第一印象，再加上富有個性的水瓶座，你的人際關係良好。你的思維十分活躍，而且你很愛動腦筋，能想到別人想不到的地方，所以常常讓人有意外驚喜。大家都很喜歡和你相處，因為和你在一起，每一天的太陽都是新的。但有些時候，你另類的行為也會讓大家大吃一驚。你看重每一個在你身邊出現過的人，即使再也不見的人，也都會被你身上濃濃的人情味依依不捨。但你有個缺點，你缺乏果斷力，讓你迷惘，找不到人生的方向。

O型水瓶座十分富有激情，有時雖然你內心很激動，但O型的現實主義特徵，也不會讓你表現的太過火。不管何時，你都秉承著「實事求是」的原則，一絲不苟，但你並不是絕對的頑固派，在保持與他人的和諧的基礎上來堅持自己的原則，這是你的優點。

另外，如果O型水瓶座的理想主義特別突出，那你追求理想的信念極為強烈，任何情況下，也很難退縮。雖然你在言語上容易激烈，但絕不會中傷他人，導致他人的厭惡。這因為你身上還有理性現實的一面。現實和理想的兩面性並不矛盾，反而能讓你獲得自在開心，你也絕不會浪費光陰。O型的現實主義和水瓶座的理想主義和諧統一，和睦共處。

O型水瓶座的人，性格開朗又富於同情心，和別人和諧共處，人緣不錯。此型的你，將現實與理想完美地融合，因此能顯現出獨特的氣質。你與各種性格的人都能交朋友，對你的人生將有莫大的助益。

注意：重人情味的你對周圍的大多數人都熱情友善，以一種博愛的平等精神與他們相處，對自己討厭的人要隱藏自己的厭惡，否則，對他們的傷害無法估計。

∫ 水瓶運勢

一生較為坎坷，不會有重大的變故，但是小的不

快時常發生。比如和最好的朋友被迫分離，被同事排擠等。

開運的關鍵在於多交朋友，朋友運較好，朋友較多，並且有權勢有地位的朋友較多。他們能在你危難的時候救你於水火之中，但有時也會成為成功路上的波折。

家人會帶來經濟上的支持，可能會繼承遺產。沒有財運，但也不會成為痛苦的來源。

注意：你開運的關鍵在於多交朋友。

∫ 職場命運

你率性而為的個性讓你不在乎他人的批評，但他人的忠告往往是對自己非常有利的建議。如果獨來獨往，不顧一切地往前衝，只會給人留下不好的印象。如果你換位思考，將自己放在他人的位置上多做考慮，你會用你善解人意的心來吸引更多的追隨者。

在工作上，你常常能夠打破傳統，以創新思維來做事，開始時很難讓人接受，但最後事實證明你的思

路是對的，漸漸大家也就放手讓你去做。

你有一顆博愛的心，但是對討厭的人的情緒外露太明顯，有時太過直的話語無意中會傷害到別人。

注意：多培養自己的體貼心，在職場中你會贏得更多的支持。

∫ 社交技巧

在所有星座血型裡，0型水瓶座是最受大家歡迎的人之一，因為0型水瓶座的你天生性格爽朗並富有同情心，並且熱心幫助他人，待人真誠不做作，屬於「知心姐姐」「知心大哥」的類型，很多人樂意找你傾訴衷腸。

你不是天生的領導者，但是善於聚集各類人才為你所用，在領導崗位上也能充分發揮自己的才能。

你雖然有些衝動，但在關鍵隨時能夠控制自己不至於招人討厭。你追求理想的熱情，不會因現實而發生任何動搖，大家都被你這種純真的執著精神所打動。

O型水瓶座是你最得力的助手。

注意：保持內心的純真，朋友們會被你感動。

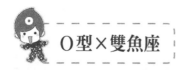

O型×雙魚座

∫ 性格分析

O型雙魚座是十足的大好人，對待他人十分尊重，尊重到你看起來似乎都沒有主見。O型雙魚十分善解人意，總是首先考慮他人的感受，甚至會犧牲自己的利益，去遷就別人。

雙魚座的你，擁有春風般柔順且質樸的性格，你強大的適應能力也不是常人能比的。你的正義感十足，喜歡打抱不平，甚至「拔刀相助」。你具有平等的博愛精神，對待誰都是那樣親切友善。你渾身散發出一種溫暖人心的力量，讓許多人都想靠近你。連你的眼神都具有安撫人心的作用。另外，你還具有敏銳的細膩心思，你懂得別人的喜怒哀怒，並和別人產生共鳴。不過你太在意其他人的感受而忽視自己的利

益，這多少對你不太有利。適當地保留自己的意見，才是真正的愛自己。

0型雙魚座的你，心地十分善良，而且是個浪漫的理想派，你心中永遠不會放棄那個虛幻縹緲的浪漫理想。0型雙魚座的你，無論男女，心中都有超脫世俗的一顆赤子之心，你淡泊名利，不喜歡和別人爭名奪利。有的時候寧願吃啞巴虧，也不會抱怨社會的不公。你性情柔順，脾氣太好，容易被勢利小人牽著鼻子走，你太在意別人的看法，也會失去自己的主見。這是你最大的缺點。若是能遇到可以依靠的人，或許能夠減少你的性格缺點給自己帶來的傷害。

此型的你，如果0型血冷靜理智、現實的氣質占主導地位的話，也會出現豪爽果斷的人物。但大多數情況下，0型雙魚人性格軟弱，感情脆弱。你經常為了配合別人的步調而忽略自己，這讓你會困惑自己存在的價值。甚至在一些小事上也都會很難下定決心。你缺乏決斷力，意志力薄弱，這也是你的致命傷。多培養自己的決斷力，才能真正活出自己有意義的人

生。畢竟，自己的人生掌控在自己手裡。這也是你減少傷害的最佳方法。

你心中那個浪漫的夢想，因為你個性的原因和現實的因素，你總是無法實現。這也讓你很有挫敗感。因而，你會經常搖擺不定，無法確定自己要走的人生路，經常讓身邊關心你的人捶胸頓足。人需要有自己的夢想，但夢想太不現實，就沒有堅持的必要了。如何把握現實和夢想之間的差距，就看你能否克服自己的缺點了。

注意：過於在意別人眼光，就成了為別人而活。有時不妨堅持自己的原則，活出自己的人生來。

∫ 雙魚運勢

O型雙魚的運勢不好不壞，隨著年齡的增長，會獲得更高的地位和財富。和親人之間關係比較和睦，偶爾遇到重大苦難時都會得到親人們的大力援助。

婚姻生活可能不是那麼一帆風順，但經過一段時間的磨合之後，能獲得幸福的婚姻。

不僅在本業上取得成功，自己的副業也經營地相當好。晚年，可能會為子女操心，但能長命百歲。

你的朋友很多，你很信賴你的朋友，但因為心軟會招致朋友的利用。

注意：太過於心軟，也是一種罪過。

∫ 職場命運

O型雙魚座在職場中基本不會遇到太大的困難，無論做任何工作都能很快上手，並有中上等的表現，但絕不能因此而驕傲自大。只是你的運氣較好，有人無形中幫助了你。

O性雙魚座的你很會利用女性的特點，向大家展現出嬌羞迷人的女性魅力，因此在職場中能獲得很多人的幫助。但是你撒嬌的手法不要太做作，否則達到相反的效果。

有時可以有自己的小任性，但不要過頭，多聽聽他人的經驗之談，多聽取別人的建議才能在職場中團結同事，贏得升遷的機會。

注意：職場不容許任性，要理智一些。

∫ 社交技巧

O型雙魚座是社交界出名的爛好人，你很在乎其他人的感受，無論做任何事都不會忽略其他人的看法。你過於尊重他人，會讓自己迷失方向，開始猶豫不決。你的性格溫柔，十分善解人意，大家和你交往感覺溫暖，有了心事也都會找你傾訴。常常朋友傾訴完自己的鬱悶心情之後，開始變輕鬆。你反而因為朋友的煩惱，心情開始變壞。這正是你的可愛之處，不過朋友的傾訴最重要的是由你的傾聽，如何去解絕不是最重要的，傾聽即是幫助他的最好辦法。否則你又會為朋友而傷神，影響自己的健康和情緒。

有時你太在乎他人的想法，經常為了他人而遷就自己，而使自己沒有主見，即使處理小事時也會拖泥帶水。缺乏決斷力是你的致命缺點，你需要多鍛鍊自己的判斷力和決斷力，才能使自己和他人免於傷害。

注意：太在意他人的想法，會讓自己沒有主見。

職場如戰場？
星座×血型終極大PK

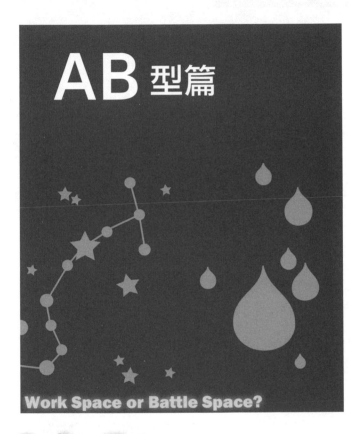

AB 型篇

Work Space or Battle Space?

Zodiac Signs vs.

Blood Types

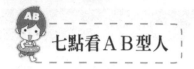

七點看ＡＢ型人

∫ 1.優點

看問題比較理性，有敏銳的判斷力；談吐風趣幽默；做事有效率，能夠抓住重點；能夠有效地控制自己的情緒；能夠正確地看待自己，不會迷失方向；興趣廣泛，生活豐富多彩；富有正義感，服務意識濃厚，有強烈的社會責任感；有企業家精神，有比較強的經營管理能力，能巧妙多元化經營。

∫ 2.缺點

太看重名利；缺乏耐心；不懂禮貌，輕視禮儀；性格懦弱；不夠坦率；自信心不強；阿諛奉承。

∫ 3.特性

即使沒把握和AB型情人這段戀情是否成熟穩當，也別刻意提出和別人討論，以免觸怒對方，且盡可能別在人前人後批評AB型者。千萬別肆意在AB型情人面前大肆批評其性格的缺欠。

絕對要避免把已委託AB型者的事情再轉託付他人處理，且別算老帳，翻舊帳。

∫ 4. 欣賞的類型

喜歡對象是穿著講究、有品味、清爽、樸素典雅，可與其談論有關學術性藝術性的話題。

∫ 5. 戀愛訊號

冷漠且乾脆的AB型人即使直覺對方不錯，也絕不會把感覺說出來，呈現的態度非常冷漠，好像漠不關心，其實當他仔細觀察你的行動時，就表示他對你有好感了。

∫ 6. 財務觀念

對於理財投資，AB型人會比較主觀，也比較固執。就拿買股票來說，他們不見得相信業務人員的話，寧願靠著自己吸收報紙書籍的知識來投資，而且可能會投資一筆令人訝異的數字。

不過，即使再怎麼花錢，AB型人還是會留一筆預備金在身旁，當你聽到AB型人哭窮時，說不定他還比你有錢呢！

如果你有一位AB型的朋友，你可能會覺得他什麼都要算得一清二楚，就連一同去面攤吃面，他也會分毫不差地出他該出的錢。不過，你可別認為他很計較，因為他不會占人家的便宜。

∫ 7.服裝偏好

喜歡色彩對比強烈的衣服。有時穿得很規矩，有時又很邋遢，很極端。選擇服飾以色彩為主。

ＡＢ型人在職場中的特質

① 易自大、妄想和暴躁，性格有時變的分裂。

② 善於社交，只要AB型人願意，都能夠和你成為朋友。

③ 對自己的期望非常高，要求自己必須要做到非常成功的地步。

④ 非常能夠適應現實的變化。

⑤ 對自己的幻想非常執著，最怕幻想的破滅。

⑥ 精於算計，很少有乞丐。

⑦ 易和人保持著適當的距離，十分的冷靜。

⑧ 容易放棄，雖然對自己抱有的期望很高，但是並不願意競爭。

⑨ 給人的感覺很神祕，不容易被看透。

⑩ 事事通，涉獵的非常廣，但是並不深究。

⑪ 願意隱藏自己的想法，別人猜不透他們是否真的喜好一件事物，而且還是一個十足的撒謊高手。

⑫ 平時很少放縱自己，對自己的要求非常高，也非常嚴格。

⑬ 有時候會過度的謙虛和看輕自己。

⑭ 不會搶別人的風頭，非常重視公平。

⑮ 會崇拜能夠給社會帶來成就和希望的人，自己也暗暗想成為類似的人

⑯ 非常重視精神上的追求，有時顯得非常的與眾不同。

凡事追求高效率的ＡＢ型人

　　有些AB型人是名副其實的天才，他們能經常保持清醒的頭腦，知道什麼時間該做什麼，該怎麼做。由於他們具有抽絲剝繭的分析問題的能力，個性冷靜，情緒沉穩，所以，他們做事總是有條不紊，效率極高。

　　在職場中，很多人都有這種感覺：每天忙忙碌碌，卻總是忙而無功；感覺自己付出了很多，卻還總是不能獲得老闆的滿意；沒有一刻空閒，月底總結時卻說不出自己作出的成績。如果你正處於這樣的狀態，這時的你就需要提高警惕了，也許你不是工作不努力，而是需要掌握正確的方法提高工作效率。因為，如今可不是講求「慢工出細活」的時代，效率總是與工作業績、獎金，甚至晉升掛鉤，因此需要向AB型人學習如何提高工作效率。下面就解密他們幾個提高工作效率的好方法：

∫ 1.制訂適宜的工作計畫

　　在工作中，每個人都應認識到作出合理計畫的重要性。為工作制定合理的目標和計畫，做起事來才能

有條理，你的時間就會變得很充足，不會擾亂自己的神志，辦事效率也會很高。所以，你應當計畫你的工作，在這方面花點時間是值得的。如果沒有計劃，你就不會成為一個工作有效率的人。工作效率的核心問題是：你對工作計畫得如何，而不是你工作做得如何努力。

∫ 2.將工作分類

將工作分類的原則主要有輕重緩急的原則、相關性的原則和工作屬地相同的原則。輕重緩急的原則包括時間與工作兩方面的內容。很多時候員工會忽略時間的要求，而只看重工作的重要性，這樣的理解是片面的。相關性原則主要指不要將某一件工作孤立地看待。因為工作本身是連續的，當前的工作可能是過去某項工作的延續，或者是未來某項工作的基礎。所以，開始工作之前，先向後看一看，再往前想一想，以避免前後矛盾造成的返工。工作屬地相同的原則指將工作地點相同的工作盡量歸併到一塊完成，這樣可以減少因為工作地點變化造成的時間浪費。這一點

對於在現場工作的員工尤為重要,如果這一點處理得好,可避免在現場、自己的辦公室、物資部、監理、業主及其他部門之間頻繁接觸。既節約了時間,又少走了路程,還提高了工作效率,何樂而不為呢?

∫ 3.營造高效率的辦公環境

每次辦事的時候總是馬馬虎虎,好像需要的每一樣東西都故意和自己作對,需要它們的時候總是找不到,其實這些都是辦事雜亂無章,辦公環境混亂造成的。要營造出高效率的辦公環境,最有效的方法是將不常用的東西移出你的視線。你隨便看看就會發現,辦公室裡很少使用的東西數量驚人。過期的檔、廢棄的信箋、從來不使用的檯燈,等等。在伸手可及的範圍內只保留那些最為常用的東西,將那些不是每天都要用的東西移出你的視線。

∫ 4.立即行動不拖延

在工作中,有些員工總是喜歡把工作往後拖,把今天的事拖到明天再做。因此,很多工作因為做得不夠及時而被耽誤,效率也就難以得到保障。拖延是所

有工作習慣中最為有害的。職場中有許多人都是被這種習慣所累，造成挫敗的結局。所以，你應該竭力改掉拖延的習慣。要改掉拖延的不良習慣，唯一的方法就是在有工作要做時，立刻動手去做。「要做，就立刻去做」這是保持高效工作的格言。

AB型人就業指南

如果單從性格來分析，AB型人適應的工作並不多。因為他們天生似乎愛避世，天生不喜歡一板一眼，喜好自由，不喜歡被束縛，更重要的是他們對於世俗的眼光充滿了不了解。所以單單從性格的一方面來看，適合AB型的職業並不是很多。

但是AB型有一個最大的特質：超強的適應能力，這也是我們能看到的，在各行各業取得成功的人數中，AB型占了相當大的部分。因為他們能夠非常快的適應環境，加上他們有意識地改變自己的態度，所以所以的工作對他們來說都是小菜一碟。

　　無論工作內容如何，AB型的你要記住：做快樂的工作是會讓人產生幸福感。所以你雖然可以適合任何的工作，但是最重要的還是要找到能夠發揮你的才能，能夠給你帶來成就感的工作。

　　一般來說你適合發揮靈感和想像力的工作，能夠發揮個人能力的工作是你的首選。如：廣告創意、自由作家、公關、外交家等。

　　切忌一成不變的工作：如超市收銀員等。要記得發揮你的才能，不要讓自己淹沒在人群中，碌碌無為的過一生，既然選擇踏入社會，那麼就該盡量做到最好。

AB型人 VS. 十二星座

ＡＢ型×白羊座

∫ 性格分析

　　眾所周知，白羊座是十二星座的領頭羊，具有領

導風範是義不容辭的，再加上AB型人獨有的自信，就造就了這樣一個具有無限魅力的族群。此型的你，意志堅強，好奇心強烈，具有不服輸、迎難而上、大膽創新的精神，從不喜歡落於別人之後。當面對壓力的時候，戰鬥力十足，是屬於越戰越勇的類型。

　　你的自信心十足，甚至有些固執，無畏困難與艱辛，積極進取，但有時會因此而顯得很衝動。周圍的人會覺得你整天一副「天不怕，地不怕」的樣子，而且只要你下定決心，就算有「十頭牛」也拉不回，一定要達到你的目的，不然絕不會善罷甘休。大多數的AB型白羊座的人脾氣都不是很好，一旦爆發，馬上就會變得像另外一個人，大家會感嘆你怎麼會變臉如此之快，真的是有如「河東獅吼」。不過不用害怕，他們的脾氣也是「衝動型」的，絕對是屬於「3分鐘火氣」，馬上就會熄滅，然後仍舊會和以前一樣和你打打鬧鬧，開開玩笑，一個再合適不過的詞──那就是「紙老虎」。

　　不過如果有人惹你生氣了，或是得罪了你，不用

擔心,你是絕對不會放在心上的,很快便跟沒事人一樣,該怎樣就怎樣,你是從來不懂得記仇的。你很少去計較一些事情,總是大大咧咧的,感覺很粗心,但在照顧人這方面卻又顯得很細心。你做事不拘小節,從不拖泥帶水。

AB型白羊座的你很重視朋友情誼,絕不會背信棄義,對真正在乎的人可以兩肋插刀,付出一切。即使一旦有人背叛或傷害了你,你也只是嘴上說恨,借此來發洩一下,但心裡卻還會始終放不下那個傷害過他,背叛過他的人。對於感情你是優柔寡斷的。

你是屬於慢熱型的,從未接觸過他們的人會認為你是那種從骨子裡都很斯斯文文的人,但一旦在一起時間長了,就會覺得你真的是活潑開朗型的。雖然這樣,你也會時不時從骨子裡透出一種悲傷,甚至因為這樣一種悲傷而自虐,要問你為什麼會這樣,你自己也不知道所以然。所以有的時候,就連你自己也不禁懷疑自己是不是有多重人格。

AB型白羊座的男人屬於典型的大男人主義,他們

絕不會允許別人用同情的眼光來看待他們，所以他們一定會靠自己的努力成功，而AB型白羊座的女人是屬於女強人一類的，都是不會甘心當全職太太的，她們一定要有自己的事業。

不過AB型白羊座的你做事很容易走極端、愛激動、缺乏紀律觀念。內心的激動常常表露無遺，很少顧及到後果，想什麼就做什麼，不會經過大腦的。還不會滿足於平淡無味的生活，渴望靠自己的奮發拼搏出人頭地。通常具有挑戰性的事情，你都會隨時表現出極大的興趣，即使失敗了，也從不會氣餒，因為你信奉永不言敗。

會得貴人相助而成功，有種自然而像貴族般的舉止，眼光銳利，有過份注重儀錶的傾向，缺乏耐心，要抑制這種傾向才好。

還有AB型白羊座最有魅力的一點，就是不論男女，都是很有品味的人，都非常注重外表，總是會把自己打扮得光鮮亮麗，閃耀動人。

注意：衝動是魔鬼，經過深思熟慮再行動。

∫ 白羊運勢

AB型白羊是人才中的佼佼者，在年輕的時候就才華橫溢、令人矚目。缺點是不夠耐心，不能對某件事難以長期的關注。因為這個缺點，經常造成家庭成員間的矛盾。

AB型白羊在人生前期運勢很旺，無論在官場職場都能年輕有為。但因為沒有持久的耐心，到了人生的後半段運勢逐漸下滑。如果不改正無法耐心的缺點，可能人生運勢一般，但若透過自己的努力，培養專心致志的精神，並能夠靈活變通。AB白羊的人生便一帆風順。

在人際交往方面，AB白羊因為性格衝動，很容易和別人起爭執。所以AB白羊要注意控制自己的情緒，與人為善，以和諧交際為原則，那AB白羊就會擁有不錯的人緣。

注意：培養自己的耐心，才有做成功事的可能。

∫ 職場命運

AB型白羊座的你，天生便具有領袖氣質，凡事必喜爭第一。遇到困難從不畏懼，不允許自己向任何逆境低頭，「迎浪而上，我有我色彩！」便是你一直追隨的精神。所以在所謂的「上戰場殺敵」的競爭激烈的職場生活中，AB型白羊座的你通常都會盡揮「過五關斬六將」的氣魄，達到期望的目標，得到上級的賞識。

但AB型白羊座的你最缺乏的便是耐心，最害怕別人的嘮嘮叨叨，而且很容易因此而發脾氣，動怒，自己卻像沒事人一樣不放在心上，殊不知卻因為這樣的瑣碎的事而得罪了不少人。

AB型白羊座的你，身處職場通常會把同事關係當做類似「哥兒們」的情誼，與同事無話不談，把同事當成自己推心置腹的人，卻不知道他們是否也把自己當做「自己人」。只是自己一廂情願的認為別人也是和自己一樣，不會去計較什麼的，正是因為這樣，可憐的AB型羊兒們就會在自己莫名其妙中開罪很多人。

注意：害人之心不可有，防人之心不可無，對其

他人留個心眼。

∫ 社交技巧

AB型白羊個性耿直，容易敵我分明，很容易得罪人，和自己不喜歡的人往往很難交朋友。

AB型白羊座熱愛運動，透過參加運動社團或團體活動，可以拓展自己的交際範圍。給AB白羊的建議是，可透過音樂、美術等藝術活動，擴大自己的興趣層面，從而獲得更多的人際交往機會。

AB型白羊最容易和處女座、天蠍座、雙魚座產生衝突，最好不要和這些星座的人單獨相處，可以透過團體活動接觸。

注意：個性太直容易得罪人，做人要適當彎曲一下。

ＡＢ型×金牛座

∫ 性格分析

　　星座在金牛座的你，會有傾向於現實的性格，你的字典裡總是會有「計算」二字。你總是能夠看到現實的利弊，然後找到適合自己的利益關係。而且你最重要的特點是老成持重，給人一種穩重的感覺。

　　血型為AB型的你，有著AB型的理性與冷靜，你看事物非常的準確，加上你獨特的判斷力，使你看待事物的能力非常強悍。

　　所以，AB金牛座的你給人的第一印象是嚴肅且難以接近的，雖然你思考問題非常周密，做事情非常細緻，待人接物非常老到，但會給人一種無法深交的距離感。由於你的理性過於強大，在很多人看來你似乎是缺乏人情味，但是這並不是說你就是這樣的人，反而你是一個外冷內熱、人情味十足的人，你樂意去給別人帶來幫助，只不過這些都隱藏在你AB型冷漠疏離的外表下。

　　所以，你要正視自己的這個缺點。如果因為你的外在原因而喪失了使別人了解你的機會，少了一個可以成為知心的朋友的人，豈不是得不償失。你應該讓

大家看到你溫暖而溫情的一面，把自己的表情調整，不要學習Lady Gaga的pock face，堅持鍛鍊自己臉上的笑肌，用微笑去面對大家，讓別人能夠了解你的感受，明白你的心意。

AB金牛座的你穩重踏實、崇尚和平，你討厭暴力，討厭不公平。平時的你是平和對待事物的人，金牛的性格是溫和而內斂的，所以很少能夠看到你暴躁和發脾氣的一面，加上AB型的冷靜，所以大多數的時候你總是保持著冷靜平和的狀態。當別人觸犯到你的時候，你不會屈服於任何勢力，你總是對於自己認為正確的事情執著不已、據理力爭，你懂得只有用反抗來反對不公正，而非一味的退縮忍讓。

你有著AB型的細膩和金牛的踏實，因此你的內心非常細膩，思維非常活躍，對於藝術有著自己獨特的理解。你經常會表現出你豐富多彩、多才多藝的一面，讓人不禁對你刮目相看。你善於去學習，但是你更願意去學習與現實利益相關的事物，雖然你對任何事情都抱有興趣。你對自己的興趣非常的執著。

在現實中的你經常為了避免出現失誤而小心翼翼的一面，你總是在做事之前思慮的非常周密，所以你做事即使沒有取得成功也不會走進失敗的罩門。你總是希望能夠在各方面都取得較好的成就，並且也為此付出巨大的努力。但是這樣也會使你分心，也讓人覺得你過於固執。

所以你一定得放開你的心，試著讓別人走進你的世界，了解你的內心。你不需要每一方面都去嘗試，只要做好你最拿手的，走到巔峰，這樣大家更能夠見到你的成就。

注意：你的理性讓你看上去似乎缺乏人情味，多展現你熱情的一面，你會獲得大家的肯定。

∫ 金牛運勢

AB型金牛座一生運勢都很強。具有其他星座所無法比擬的好運氣，一旦把握住機遇，就很可能獲得很高的地位。能否抓住機遇，關鍵在於中年之前在事業上所做的努力。AB型金牛座憑藉天生的吃苦耐勞，可

以發揮強有力的領導能力。

AB金牛座的婚後運勢也很順。你會選擇一個顧家且能打理家務的理想伴侶，和對方情投意合，會用奉獻精神與愛心建立一個和諧愉快的家庭。

適當減少你的占有慾，更圓滑地處世，你會更受大家歡迎。客觀對待他人的評價，培養廣泛的興趣愛好，不斷提升自己。

注意：減少你的占有慾，學會圓滑處世，運勢會更旺。

∫ 職場命運

AB型金牛座屬於勤勤懇懇，踏踏實實的員工，但因為自己的靦腆的個性，常常將工作的不滿壓抑下來，不滿的情緒得不到宣洩。一旦爆發出來，就一發不可收拾，爛好人的形象也毀於一旦。

所以，AB型金牛座要會做事，更要學會宣洩自己的情緒。和與自己志同道合的同事交流，在工作上學會説「不」，學會提出自己合理的要求，關鍵隨時學

會隱身，讓同事和領導發現自己的閃光點。在職場中就會有不一樣的成就感。

注意：在職場中學會說「不」，學會為自己做宣傳，讓大家更早地發現你的閃光點。

∫ 社交技巧

AB型金牛座生性害羞，低調沉默，但內心潛伏著強烈的激情。其他人只有在接觸了一段時間後，才能發現AB型金牛座的優點。建議AB金牛座和他人交往時，主動將自己的優點說出來，這樣，他人更容易親近你。

AB型金牛座在工作上任勞任怨，就像老黃牛一樣，是個名副其實的工作狂。在工作中的搭檔若也是金牛座，容易產生共鳴，提高工作效率。AB金牛座不僅踏實肯做，而且懂得欣賞他人。

注意：改變自己固執自負的一面，用心聽取他人的建議，就會贏得更多的朋友。

ＡＢ型×雙子座

∫ 性格分析

有人開玩笑說AB型雙子座自己可以打麻將了。是的，雙子座AB型的組合，性格複雜可想而知。無論在任何情況下，你的內心總是不斷地在掙扎、衝突。在各種場合下，你都能夠隨機應變，使得自己遠離尷尬的場面。你也非常能夠適應各種各樣的環境，不會因為環境的改變而讓自己無法正常的生活。新點子不斷在你的腦袋裡萌芽，而且一旦有必要，你還可以將這些點子化為犀利的言詞，給敵人來一個措手不及。無論何時何地，總是忙碌地奔來走去，總是十分的樂於在自己的世界裡。

你的性格總趨向於多樣化，所以總是很難摸清你的性格。你非常的聰明，學東西很快，一件事只要你看一下就能抓到要領，你最大的本事還是現學現賣。你頗似孫悟空，總是有各種讓人想像不到的能力。但

是你總是很難靜下來去踏實地做一些事情，這也是你性格的弊端，無法給人產生穩重的感覺，雖然聰明有餘但是耐心不足，很難取得大家的信任，有的時候你的快人快語還會帶來周邊人的嫉恨。

總之，需要耐心等待結果的事你不喜歡做。過分好奇，又會讓人覺得你多管閒事；過於乾脆，又讓人感覺你是一個很隨便的人；過於謹慎，又會讓人感覺你總是捉摸不透。所以盡量的表裡如一，堅持下去，才能得到更多人的信賴。

注意：要想獲得更多人的信賴，就要堅持表裡如一。

∫ 雙子運勢

AB型雙子座天生擁有不凡的實力，早年在事業上奮勇打拼，依靠自己的實力在中年之後當上領導。若在打拼過程中遇上貴人，就會有功成名就的一生。

AB型雙子座財運也極高，但由於自身自尊心強、愛慕虛榮的性格缺點，稍不收斂，就會將錢財散盡。

而又因為自尊心強，他們很難向比自己強的人低頭。如果能虛心好學，團結合作，才能在人生這棵樹上結出更繁盛、更甜蜜的果實。

不安分的AB雙子座，在婚後也不會安守於自己的小家庭，建議從事與自己興趣相關的職業，發揮自己的實力。

注意：虛心好學，團結合作，才能獲得更大的成功。

∫ 職場命運

AB型雙子座思維敏捷，腦子裡總是有很多新奇的想法冒出來。但因為AB型雙子座神經而又好動的個性，他們很難沉下心認真來做一件事。往往還沒等新主意付出實踐，又將注意力轉移到另外一個注意上了。這導致AB型雙子座很難做成功事。

冷靜下來，權衡利弊，克服心神難寧的缺點，做事情有始有終，認真用心，真正專注地發揮自己的想像力與創造力，AB型雙子座，定能在職場中取得相應

的成績。

注意：真正專注地去做事，成功的機會會更大。

∫ 社交技巧

AB雙子座性格活潑開朗，喜歡說話，善於交際。和陌生人能夠自來熟，經常是身邊人的開心果，人緣不錯。AB型雙子座為了贏得朋友的歡心，經常花很多錢在交際應酬上，但也不用過分克制，量力而行最好。他們的付出，往往獲得很高的人際回報。給自己的生活和事業帶來意想不到的機遇。

愛動腦筋、好奇心強的AB雙子座，對任何最新的資訊都瞭若指掌，這些資訊成為和朋友交談的豐富的話題，無論在哪裡都受身邊人的歡迎。

注意：社交花費量力而行，才是掌握了社交的涵義。

ＡＢ型×巨蟹座

∫ 性格分析

　　AB型巨蟹座的你單純又隨和,感覺非常敏銳細膩,情緒變化多端,但自我傾向不強,和誰都可以相處得很好,不會輕易發脾氣,對自己不喜歡的人你也不會表現出你的厭惡。你總是認為跟別人相處一定要有彬彬有禮、熱心助人,才能贏得別人的好感。不過你雖然隨和,但在心理上對其他人有些防備,通常也會因缺乏安全感而內斂,對陌生人表現得尤為明顯。你非常害怕和討厭粗俗急躁的人,對於不喜歡的人寧願躲避,也不會和他起衝突。在家人和朋友面前十分自在,家庭是你的安全島,在家裡你能能發揮出自己的幽默細胞和潛在的開朗型,甚至有時也會像小孩子一樣可愛。這也是為什麼説巨蟹座的人居家的緣由。你很有才華,充滿想像力和創造力,在專業領域能成為十分拔尖的人才。多半情況下,你的競爭心不強,個性謙和有禮。不過對於自己非常喜歡的東西,還是會表現出巨蟹座強烈占有慾的一面,不會輕易放手。

　　你對人的關係是一般性的交流,並不會有太深

的交流。你想要保護自己，不想他人窺視自己的私生活。巨蟹座是十二星座中，防衛本能最強的一個，就像是星座的圖示一樣，緊緊地把自己隱藏在厚厚的殼子中。而AB型的人也非常看中自己私生活的隱密性。你的目的是在保護自己平和的心境而已，同時也怕被別人看透你的內心世界。

當有人踏入你的內心時，你需要花費很長的時間才能平復自己的內心，雖然表面看起來毫不在乎，但實際上已經暗湧流動。

注意：讓別人多看見你的內心，真誠的待人，把自己的情緒表露出來，好好先生（小姐）也不會開心的。走出困住自己的殼，不要懼怕傷害。沒有疼痛，怎麼對比出美好。

♋ 巨蟹運勢

AB型巨蟹座一生運勢平穩，屬於大器晚成型。年輕時不被重視，到了中晚年，隨著人生閱歷和經驗的累積，逐漸在事業上做出一番成績來。因為在工作

上的不斷努力和全心全意的付出，贏得了很多人的信任。

AB型巨蟹座是非常戀家的星座，婚後，巨蟹女會成為賢妻良母，將家裡裡裡外外打點得妥妥帖帖，和子女、公婆的關係十分融洽。如果後來不顧家庭，那也是因為丈夫不忠。隨著歲數的增長，AB巨蟹與另一半的感情日益穩定。

注意：夫妻相處若從大事著眼，不糾結於小細節，會相處得很融洽。

∫ 職場命運

AB型巨蟹座的你工作十分努力，再多的工作也要求自己盡善盡美地完成，這樣容易使自己陷入過度勞累的怪圈。在工作時精神不振，心神不寧，脾氣暴躁，和合作的同事與客戶容易產生爭執，導致工作無法按照自己較高的要求完成。進而又加班加點，使自己身心更加疲憊。

AB型巨蟹座的你，如果發現自己陷入身心疲憊的

怪圈，不妨休個小假，在家徹底地輕鬆一下，享受家庭生活給自己帶來的愉快心情。這樣在工作上會更加事半功倍，也會贏得同事和領導的喜歡。

注意：勞逸結合地工作，才能享受工作的樂趣。

∫ 社交技巧

AB型巨蟹座的你是人群中的老好人，朋友心中的「好大姐」、「好大哥」，朋友有了困難會最先請你幫忙，這讓你在朋友中有良好的口碑。你有一顆細膩敏感的心，能掌握他人的心理，別人都願意靠近你。你不喜歡搞小幫派，對誰都笑臉相迎，即使是自己不喜歡的人。你最害怕和其他人起衝突，在可能引起爭執之前，遷就其他人。你在小幫派中很難獲得真正的利益，在朋友面前容易失去自我，朋友們喜歡你，但不會和你深交。

注意：適當地活出真正的自己，向朋友們敞開心扉，會拓寬你的交際圈。

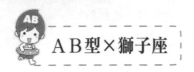

ＡＢ型×獅子座

∫ 性格分析

如同字面一樣，AB型獅子座的人是具有「威嚴」的表象。無論做什麼事都十分起勁，充滿活力，且光明正大。在人群中，你都會顯得很活躍，很顯眼。不經意間，你便會使自己成為出盡風頭的人，是社交強手。

雖然你給人以威嚴的表象，卻不會讓人感覺傲慢，難以接近。往往與人相處的態度都是溫和的，可與他人談笑風生，天真、活潑而開朗，但是，到該嚴肅的時候，你便會掌握分寸，馬上收起笑臉，令人望而生畏。

在公眾場合，AB型獅子座的你可以說是鶴立雞群的耀眼存在，是社交界的名流，熠熠生輝，如此的個性以及氣質，通常會讓他人對你產生信賴感，對於別人的請求從不輕易拒絕，而且喜歡幫助他人，是善心

人物的典型代表。但有人對你稍稍表現出無視的態度的話，你便會馬上一改平常笑嘻嘻的態度，雖然表面上仍舊冷靜，但內心卻起了極大的情緒變化。AB型獅子座的你，自我表現慾很強，自尊心也很強。喜歡被眾人注目，被人稱讚，但太過討好周圍人的行為容易被他人誤解，遭人反感，以致於讓他人敬而遠之。

但是，無論內心的不快有多深，在公共場合，你絕不會暴露出自己不愉快的內心情緒。你與生俱來有著避免與他人爭吵及正面衝突等的能力，擁有巧妙的逃避本領。在私底下，你對於錯誤的決定或是不合道理的事，常常想堅決地貫徹，因而顯得以自我為中心，對旁人的意見也置若罔聞。

AB型獅子座的你心胸寬廣，很容易受周圍人的煽動和誘惑。有了這個弱點，加上天生強烈的自我保護意識，也許會變成暴戾的人，為滿足自己的私欲，以強者為王的姿態，去欺負弱者，儘管這不是AB型獅子座的本性。

AB型獅子座的你，不喜歡毫無色彩的生活，你總

會想盡辦法讓自己的人生變得戲劇化一點，這樣才會充滿朝氣，這樣才是真正的人生。如果説以平淡的姿態來對待生活，是無法滿足你的自尊的，這樣的活法他們是你如何也無法接受的。

注意：適當表現低調一些，也是引人注意的方式。

∫ 獅子運勢

AB型獅子座具有極強的運勢，周遭會出現許多強勢的夥伴，在事業上助你一臂之力。即使會遇到許多的困難和挫折，憑藉你頑強的毅力和堅韌的個性，也能讓你順利過關。AB型獅子座是天生的領導者，在領導崗位上會發揮自己的領導才幹和社交手腕，讓領導器重你，下屬信服你。若有好的機遇，很可能功成名就。

AB型獅子座要避免因為自己較好的運勢而驕傲自大、目中無人，正確地認識自己，揚長避短，努力奮鬥，一生運勢才會順利。改善自己霸道的領導欲，多

替他人考慮，會幫你贏得更多的朋友。

　　AB型獅子座的女性，在家庭裡能發揮自己的領導才能，將大家、小家都打理的井井有條。AB型獅子座不能滿足於在家庭裡的成就，在工作、社交等方面也要兼顧。

　　注意：AB型獅子座女性不能滿足於在家庭裡的成就，工作、社交等方面也要兼顧。

　　∫　職場命運

　　AB型獅子座的你嚴於律己亦嚴於律人，聰明又有創造性。喜歡和志同道合的夥伴一起工作，容易贏得大家的信任，成為團隊中的領導者，這是一個能成就大事業的人才。

　　AB型獅子座的你主要特點是思想開放，會盡全力竭盡所能，戰勝困難，去開創嶄新的局面。對工作分外賣命，只為證明自己是最好的，擁有組織能力，在職場常成為一個很好的管理者。在危急時會展現出過人的勇氣，面對同事講義氣，處處透露著王者風範。

你通常有遠大的志向、堅忍不拔的毅力，謀略過人，為人坦坦蕩蕩，寬宏大量，富有激情。但有時會過分地相信自己的力量和優勢，有以自我為中心的傾向。

並且你易受奉承者煽動從而成為他人所利用的工具，但自己卻不知道。通常情況下AB型獅子座的你，都能轟轟烈烈地在眾人的推崇和支持下完成自己的事業。

注意：眼裡只有自己的人，別人眼裡也沒有他。

∫ 社交技巧

AB型獅子座的你精力旺盛、行動力強，天生具有貴族氣質和領導風範，懂得如何運用權力使自己獲得更高的地位，擁有更多的權力。AB型獅子座，外表強悍，內心也很敏感細膩，同情弱者，好打抱不平。其他人會很敬重你，讓你在領導崗位上充分發揮自己的才能。

AB型獅子座的你擅長交際，在聚會中能夠有序地組織相關事務，讓各種性格的人都很滿意。你性格爽

快、慷慨大方，又懂得體貼、理解他人，很容易交朋友，人緣相當好。

AB型獅子座的你喜歡美好的事物，美麗的人、美麗的語言，建議不要被美麗的外表所蒙蔽，不要輕信花言巧語，真正批評你的人才是真正的朋友。

注意：不要輕信花言巧語，敢於批評你的人才是真正的朋友。

ＡＢ型×處女座

∫ 性格分析

AB型處女座的你，對人生有精闢的感悟，你會在一生中藉由不斷的克服困難，以此來昇華自己。處女座被奉為神的使者，被認為是最接近神的人，你善良，仁慈，博愛，寬厚，無私奉獻，也正因為如此，你經歷的痛苦，磨難比其他人要多很多。由於天生喜愛反省，因此不會在困難面前絕望，你會在進退兩難的情況下，爆發出強大驚人的力量，並且越挫越勇，

堅持到底，直至達到生命的巔峰。

你獨有的特點是有豐富的知性，做事細緻、一絲不苟，你總會因為世事和你的主觀標準不盡相同而去批評，是個不折不扣完美主義者。即使隨著時間的流逝，也仍舊保有一顆孩子般的心，喜歡回憶過去，憧憬未來。其實你也是很實際的，你的性格中愛幻想和時間都是存在的，並不衝突。

AB型處女座的你做事細緻、條理、理性。有極強的批判能力，習慣於將事物拆分後進行分析和點評。非常注重完美的過程，極度厭惡半途而廢；在做事情之前，有詳盡的計畫書，然後你們會按照計畫書的內容實行並實現。做什麼事都很專心，而且好學、好奇、屬於不恥下問的類型，並且擁有超棒的口才。對自己非常嚴格，成為工作狂的可能性很大。

AB處女座對任何事都很投入，並且任何事都有一套詳細的規劃。AB型處女座的你對人體健康和衛生多多少少會表現出極大的興趣，也許會有些是偏素食者，如若不然，也會對日常飲食進行節制。

你天生喜愛乾淨，更甚者會有潔癖，這樣就為自己和別人帶來困擾，也容易造成人際關係的阻礙。只要糾正這個缺點，你溫和的個性會受到很多人的喜歡和青睞。

注意：學會隱藏你潔癖的缺點，招致別人厭惡你，應該不是你想要的。

∫ 處女運勢

AB型處女座的運勢不太強，但只要堅持不懈，就能在自己從事的領域做出令人矚目的成績。

AB型處女座多是非常努力的人，無論自身能力強或不強。所以他們事先訂好遠大的目標，靠自己勤奮踏實的一步步努力，大多能實現自己的目標。這是他們增強自己運勢的秘訣。

AB型處女座不擅長處理人際關係，各方面追求完美的自己常常在這方面倍感壓力。建議不要對自己要求太高，只要對人友善，用真心和他人交往，大家自然會發現你的優點和可愛之處。

AB型處女座具有極好的長輩緣，長輩們對你都疼愛有加。在家人的支援下，你會忘掉生活中的煩心事，工作也更加有動力。AB型處女座對待他人的不足之處是，常常以學歷和出身來判斷他人的實力，在毫無知覺的情況下給自己招來敵人。建議不要以外在條件來判斷人，要以能力判斷人，多培養自己寬廣的胸懷。這會讓你擁有好人緣。

注意：堅持不懈地努力，才能在自己的領域作出一番成就來。

∫ 職場命運

AB型處女座擁有處女座的典型個性，苛求完美。在職場中自己做事十分認真，對待合作的同事或者下屬都要求極高。除個別脾氣相投的同事會願意與你合作，大多數同事會對你敬而遠之。做事認真是一種優點，建議AB型處女座的你用自身的嚴格要求感染身邊的人，而不是自己對他們提出要求。

AB型處女座容易心軟，若有人故作可憐來博得

你的同情，你往往很難招架。對待他人有時要理性一點，不然很容易掉進別人的陷阱。

注意：對待他人有時要理性一點，才能避免落入別人的圈套。

∫ 社交技巧

AB型處女座的你缺乏活力，在人際交往方面容易心有餘而力不足。但你善良溫柔、細心體貼的個性能彌補這個缺憾。如果在和他人交往時能夠主動一些，會有意想不到的收穫。

你不太容易交到朋友，但一旦交上知心朋友，便會對朋友全心全意地付出。所以，在人際交往方面，AB型處女座的你應做好打持久戰的心理準備。

你天生具有批判精神，對自己看不順眼的想像甚至生活習慣也會對人橫加指責。隱藏自己的批判個性，或者換一種方式對他人善意提醒，這樣才不會讓自己成為眾人唯恐避之不及的對象。

注意：在社交方面，應做好持久戰的心理準備。

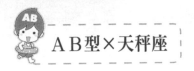

ＡＢ型×天秤座

∫ 性格分析

　　AB型天秤座是天秤座的優雅特質和AB型的古靈精怪的完美結合。你通常有著淡雅自如的外表和舉重若輕的姿態，沒有什麼能夠讓你大驚失色。同時，在優雅背後，你卻不失自己獨特的小想法小性格，有時淡淡的一句卻能夠彰顯出與眾不同的個性，表現出你背後所累積的深刻內涵。這讓人覺得你既典雅卻又不失親密，就是這種若即若離的距離感讓人心生神往，百般著迷於你在社交中常常扮演「和平使者」的角色，你能夠敏銳地觀察到場內局勢的變化，但你卻不會一語道破，你更願意把衝突和矛盾巧妙地化為無形，從而讓一切回復到平和狀態。

　　在社交場合，你永遠不會站在風口浪尖，你寧願做一個水一樣的角色，即使人們不會特意感覺你的存在，你卻在人們的印象中不可或缺。

試圖一直保持和諧的狀態只是你的一個理想中的目標，因此無需對事事都竭盡全力去維持平衡。適當允許衝突的發生和矛盾的產生也是情感的一種有效的自我釋放。

注意：不要事事都竭盡全力去維持平衡，衝突和矛盾有時也能使情感得到有效的自我釋放。

∫ 天秤運勢

AB天秤座的你，一生運勢較為坎坷。一般而言，男性要比女性的坎坷要多，尤其是在中年左右，家庭、事業方面的小困擾會讓你身心俱疲。但你生性樂觀，且具有驚人的平衡力和調節力，在平衡心態下，你能夠一一化解自己的麻煩，透過自己的努力扭轉自己本來不太好的運勢。

關鍵的是要百折不撓，無論遇到任何困難都不能輕易放棄，否則自身的運勢很難好起來。雖然AB天秤會遇到很多小坎坷，但結果往往都是朝好的方面發展。若能有幸遇到賞識自己的伯樂和事業上的好夥

伴,晚年的你將大有作為。

注意:無論遇到任何困難都不能輕易放棄。

∫ 職場命運

AB型天秤座的你是社交達人,你有很高超的社交手腕,能和各種各樣的人打好關係,人緣相當好。若能充分利用自己的好人緣,在官場、職場都能如魚得水。

需要注意的是,有的時候你會為了迎合對方,而委屈自己,甚至犧牲自己的利益。你很在乎別人對你的評價,不喜歡和其他人起衝突。但當別人損毀了你的利益,你又做不到無所謂,從而憂心忡忡,傷害身心。AB型天秤座的你,一定要學會放寬心。

注意:利益損失只是暫時的,適當吃點虧,才能真正地笑傲職場。

∫ 社交技巧

AB天秤座的你具有社交天賦。你擅長協調各方面

的人際關係，在親人、朋友、同事間都擁有相當好的人緣。你在人群中會注意到每個人的情緒，話題很豐富，並能激發大家交談的興趣。大家樂意聽你談話，並在你的帶動下，樂意互相談話，談話氣氛恰到好處，既不過分熱鬧，也不至於冷清。你能侃侃而談，也懂得傾聽的藝術，朋友也很喜歡找你傾吐心事。你是經常被人們評價左右逢源的人。

AB天秤座天生具有藝術細胞，你喜歡結交喜愛藝術或者藝術圈的朋友，透過藝術愛好能不斷擴大你的交友圈。如果能培養自己運動的愛好，則會擴大自己的朋友層次。

你性格上猶豫不決的缺點，會成為別人的話柄。若能克服，人際關係會有意想不到的效果。

注意：改變你猶豫不決的缺點，是擴大你社交圈的秘訣。

ＡＢ型×天蠍座

∫ 性格分析

AB型天蠍座的你，具有非常敏銳的感知力，總是很輕易就可以洞察他人的心思和意圖，你內心冷靜，行事慎重。但是與此並存在你身上的是孩子般純真無邪渴望被關懷被寵愛的一面，無論年齡多大，都喜歡以任性撒嬌的方式來獲得最親的家人或愛人的重視。但是一旦走到社會上，你就會把這一面深深的隱藏，永遠得體大方公正。

你不喜歡是非之地，總是遠離可能發生紛爭的地方，一旦覺得被侵擾，不會貿然行事，與O型天蠍愛恨分明的表現不同，AB型天蠍的你會盡量做出舉重若輕的樣子，以維持自尊和心態的平和，不過心中會耿耿於懷。

你不善於與人交際，所以你很少能夠在人群中游走自如，但是並不代表你不會成為一個成功的交際者。只要你想成為這樣的人，你就會非常迅速地改變自己的性格，你善於去演戲，讓別人分不出真假。但是你真正意義上的朋友並不多，你非常重視自己的朋

友，你把朋友的界限分得十分的清楚，所以在不明真相的人眼中你總是一個冷漠的人。但到朋友的身邊，你是一個值得信賴且充滿了熱情的人。

注意：培養博愛之心，太過於神祕會讓人不敢靠近你。

♏ 天蠍運勢

AB型天蠍座的你年紀輕輕就具有極好的運勢，在三十歲之前就能獲得較高的地位。一定要好好把握自己的好運勢，不然即使天生擁有好運勢，也會被你揮霍一空。在三十歲之前還坎坷波折、籍籍無名的你，可能天賦不夠、能力不強，好運勢沒有發揮相應的作用，但透過後天的努力可以一一克服，到中晚年應該功成名就。

AB型天蠍座的你很多情，很容易導致夫妻關係的矛盾。對待婚姻要全心全意，珍惜自己的愛人，婚姻生活必能甜蜜和諧。你透過閃婚而幸福的機率很小，切不可被自己一時的頭腦發熱衝昏了頭，對待婚姻需

謹慎。

婚後的你，是家庭中的主心骨，事無巨細都需要你操勞，但你也十分享受為家人分擔的樂趣。

注意：積極奮鬥，好好把握自己的好運勢。

∫ 職場命運

AB型天蠍座的你，做事冷靜而高效，生性循規蹈矩，領導交代的任務都完成得十分出色。偶爾會打破規章制度，按照自己的方法做，但也都是在合理範圍之類，上級領導也會放任你的偶爾「不規矩」，因為事實證明你是對的。

AB型天蠍座的你，生性保守而謹慎，做事一步一個腳印，在社交方面不太擅長。找一份真正適合你的職業是你成功的起點。你不會再短期內和同事、領導打好關係，只有長期相處，大家才會了解你的優點，才會慢慢信賴你，建議你找準職業長期做下去，必能取得很大的成功。

注意：建議你找個興趣相符的職業長期做下去，

成功指日可待。

♪　社交技巧

AB型天蠍座的你生性冷漠寡言，害怕別人了解你而深知你的內心世界，你喜歡在眾人眼裡保持神祕感。你的個性低調、孤傲，不喜和人爭什麼，了解你的人會很喜歡你，不了解你的人會覺得你孤僻不合群。實際上你只是外表孤傲，內心掩藏著澎湃的激情。因為你的個性原因，很多人都對你敬而遠之，所以你的朋友不多。你絕不會容忍朋友小小的背叛，一旦發生，你會和朋友絕交，老死不相往來。

注意：學會圓滑處世，學會釋放你內心的感情，對你的人際關係大有幫助。

ＡＢ型╳射手座

♪　性格分析

AB型射手座行動敏捷，有如弓箭在弦，蓄勢待

發。AB型射手座的你性格直爽，自由而奔放，具有野性般的熱情，你能在冷靜的思考後做出相應的反應，你討厭一成不變的事物和人。別將人馬誤當成奇怪的動物，你不喜歡被關在籠子裡，喜歡進入自己的幻想世界，哪怕是進入一本書的幻想世界中，或進入一段哲學的思考之時，你都是那麼認真地陶醉在自己的那個美好的世界。

AB型射手座的你熱情是與生俱來的，一旦對人熱情起來，想要自己熄滅這份熱情之火焰也不是一件簡單的事。往往周圍的人會對他們的過分熱情感到意外和吃驚，這也是AB型射手座的一個魅力點。

AB型射手心地善良，可以擁有最慷慨的靈魂，不管在物質上或情感上。但你是屬於不願意作出承諾的一族。不必對你做出很多的要求，你就會表現得很好，你就是有這樣的天分。但以平常、慣有的方式來束縛你，你會覺得自己被壓迫並且做不好。不要忘了，你是相當以自我為重點的，所以對周遭事物的理解會有所遲鈍。當你忽略或考慮得不夠周到時，就需

要旁人適時地提醒他們。

AB型射手座的你擁有一顆最自由的靈魂，自由是你的最愛，其他一切都次之。愛運動是你的天性，流過熱汗的你會更加爽快，所以如果對你有所求的話，那就約你出去自由地運動一下吧，然後再說出你的要求，這樣會事半功倍哦。

通常你對任何事都是三分鐘熱度，堅持不了很久。涉獵也比較廣，但都不會很精通，屬於「樣樣懂卻樣樣鬆」的典型。不斷變化的事物會吸引你的目光。

AB型射手座的人最大的優點就是寬容和獨立，你是有些神經大條的，做事情是不會去考慮後果的，需要旁人的指點以及建議，往往正因為這樣你更會對別人的思想產生依賴。

你通常是很認命的一群人，但是又是特別不服輸的一群人，最好不要在原則性問題上與你爭論，你喜歡求同存異的生活方式。

注意：你的致命缺點就是性急，往往同時去做很

多事情，把自己弄得亂七八糟，毫無空閒，應學會避免這樣的錯誤。

∫ 射手運勢

人生前半段擁有極強的運勢，年輕時即有可能取得輝煌的成就。如果能專注地投入某件事，取得成功的可能性極大。但射手座對任何事都缺乏持久的耐性，年輕時取得的令人矚目的成功會逐漸暗淡下去。

射手座對待感情也缺乏耐心，AB型射手座的你是最有可能再婚的，再婚對象可能是自己的婚外情。如果不培養自己的耐心，你的人生很可能是孤獨的，你的晚景將會很淒涼。

AB型射手座的貴人是富有協調能力的天秤座，和天秤座的同事合作必將有所作為。

注意：只有耐心地去做事，才能讓你的人生運勢更強。

∫ 職場命運

AB型射手座的你富於激情，喜愛挑戰，對任何棘手的問題都能夠處理得十分妥當。這讓你在領導和同事心中具有相當高的威望。如果工作過於清閒，工作沒有任何技術性含量，你絕不會感興趣。

你最大的缺點是對一份工作很難產生持久的興趣，到一定時間就會對工作產生倦怠心理，影響工作效率。你經常跳槽，這對你的職業生涯有利有弊。若是你能將你豐富的工作經驗合理地綜合利用，自主創業，從事自己喜歡的工作，你必能在事業上獲得一份成功。但若一直三心二意，見異思遷，也就很難在事業上取得長足的進步。這是AB射手座的你應該注意的。

注意：頻繁跳槽，很難在事業上取得長足的進步。

∫ 社交技巧

AB型射手座的你對別人很熱情，性格外向活潑，所以很容易交到朋友。你的朋友很多，而且任何領域

的朋友都有，即使在超市排隊結帳的過程中，你也能交到朋友。這讓你的人生過得豐富多彩，朋友們都很信賴你，遇到困難時樂意請你幫忙。

但因為你「一根腸子通到底」的直率個性，說話做事都很直接，無意中會傷害朋友的心。多鍛鍊說話技巧，用善意的語言，對朋友提出建議，朋友既容易接受，又會非常感謝你。射手座個性直率，缺乏耐性，和天秤座、白羊座、水瓶座很能合得來。和性子較慢的金牛座很難一拍即合，但在了解的基礎上也會培養出長久的友誼。

注意：多鍛鍊說話技巧，用善意的語言去說明朋友，朋友會更加感激你。

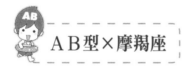

ＡＢ型×摩羯座

∫ 性格分析

AB型摩羯座的你，是個具有極大忍耐力的人，又有著一種天真爛漫的氣質，不過你還有著纖細敏感

的內在，這與你外在的沉穩是多多少少有些矛盾的。基本上你會顯得很理智，從不會輕易和他人發生不愉快，盡量讓自己符合環境的各種需求。你會很認真努力的工作，卻沒有太多的奢望，做好一件又一件的小事情，會讓你感到很是滿足。

你很早便學會了以你獨特的方式觀察世界，這讓你在人群中顯得既理智又安靜。你從不張揚個性，但在人群中大家會很快辨認出你的冷靜與睿智。你不喜歡表達自己的內心情感世界，總是會拒絕深入討論自己的觀念。

通常，AB型摩羯座女生都是沿著一個傳統的軌跡成長起來的，即使年少時也不會像其他星座的女生一樣會偶爾瘋狂。很多人認為像妳這樣的女生是故步自封的，妳對於異性總是很冷漠，很排斥，其實這是源於妳對受過愛情傷害的恐懼。

但就是妳這樣的女生，一旦陷入愛情，就會無法自拔，妳會堅信自己的愛，堅守自己的選擇，直到最後，永不言棄。AB型摩羯座的女生不但具有堅強的外

表，還有一顆堅強的心。但即使有這樣的一顆心也不是任人宰割的羔羊，如果妳被別人玩弄感情，當妳受夠了他的傷害，達到忍無可忍的地步時，妳會不再留戀，大踏步地向前走，絕不回頭，而他之後卻會後悔再也找不到像妳這樣專情的人了。

AB型摩羯男的特性並不可以被說為是大男子主義、強勢、喜歡挑戰，你所擁有的更多的是理性和冷靜。你不願意表達自己的內心，隱忍而堅強，讓他人覺得這真是一個典型的男人。你不懂得浪漫，不懂得花言巧語，你的思維很簡單，不會很複雜。對於感情，會以低調的姿態去對待，有時你也許會表現得很冷漠，其實那是因為你大部分時間都在考慮著自己的事業。你是很務實的，對著自己的目標有相當強的毅力去堅持、實現。

你忠於關注周圍人的人生態度，並以此來決定自己的交際圈。在與他人的交往中，AB型摩羯男也還是會小心翼翼的，因為你天生就是缺乏安全感的人，所以要讓你感到別人不會給你帶來任何傷害的情況下，

你才會主動與你深交。

　　AB型摩羯男對於感情的忽視，可以說是因為你想要擁有穩定。你不擅長對付情意纏綿的愛情，你會盡量用忠誠和更多的愛護去換取他人的真心。你也許不是很好的男朋友，但是絕對是很優秀的老公。

　　注意：AB型摩羯座的你應該更加放開自己的心，不要總是去懷疑他人，要學會去相信別人，去接納別人。

　　♑ 摩羯運勢

　　AB型摩羯座的你擁有很強的運勢，年輕時就有機會遇到貴人相助，在事業上做出一番令人矚目的成績來。AB型摩羯座女性可遇到牽手一生的人生伴侶。

　　AB型摩羯座的你很有主見，對自己的未來很有規劃，在貴人的幫助下，自己的人生目標能夠提前實現。你很有韌性，遇到困難和挫折都能夠靠自己頑強的毅力克服。

　　AB型摩羯座女性擁有力挽狂瀾的氣勢，在重大

困難面前也不會屈服，並且能夠獲得朋友和親人的幫助。

若是你能夠多從他人的角度為他人考慮，減少私心，紮紮實實地走好人生的每一步，聽取他人的意見，一生運勢會更強。

注意：若是你能夠多從他人的角度為他人考慮，減少私心，人生運勢會更強。

∫ 職場命運

AB型摩羯座的你擅長穩中求升，你做事穩重，步步為營，很少冒險。因為你長期以來積累的工作經驗，所以你對工作十分自信，在自己擅長的領域能夠充分發揮自己的才能。你很努力並且有耐心，終有一天能走上領導崗位，取得不錯的成績。

若是能擴大自己的交際圈，多學習他人的優點，突破自己，事業上會獲得更大的進步空間。

注意：擴大自己的交際圈，多學習他人的長處，突破自我，是你職場開運的關鍵。

∫ 社交技巧

AB型摩羯座的你因為天生缺乏安全感，而很少向人吐露自己的心聲，害怕受到傷害。但是你待人親切友善，經常笑臉迎人，給人的第一印象很好。但你的謹慎小心，自我保護會讓人漸漸遠離你。只有確認對方是真心對你的朋友，你才會向對方吐露心聲。

你交友容易，失去朋友也很容易。摩羯座不善交友，但四個血型中，AB型摩羯座是朋友最多的。建議你多和朋友聯繫，你的交際範圍會不斷擴大。以輕鬆的心態對待朋友，向朋友袒露你的真心，讓朋友感覺到你的真誠和善良，朋友自然會忠心對你。不然會陷入孤獨感中，越來越孤僻的哦。

注意：讓朋友感覺到你的真誠和善良，朋友自然會忠心對你。

ＡＢ型×水瓶座

∫ 性格分析

AB型水瓶座的你具有理性思維，能夠冷靜而客觀地去看待和評價周圍的事物。你的「理性」表現在判斷力敏銳，而且思維明確，反應速度快，善於冷靜思考，你的沉穩是其他星座無法與之相比較的。也因此，你常常成為別人所求助的對象，也是其他人所傾慕的對象。獨到的見解以及特別的想法可以幫助你在人群中脫穎而出，你的與眾不同是那麼的耀眼。

AB型水瓶座的你可以多角度思考問題，把複雜的事情簡單化，並能掌握事情發展的全域，對未知進行合理預測，一般被認為是很有頭腦，很聰明的一類人。你有自己處理事情的獨特方式，不會拘泥於現有的思想框框，你善於打破陳規，不會甘於平凡，有時做些出人意料的事情也是很正常的，這就是AB型雙魚座獨有的特質。

AB型水瓶座的你往往會被人誤認為是「異類」，僅僅只是因為你獨有的超過常人所擁有的理性，冷靜的程度。事實也證明，你總是走在事物發展的最前端，構想具有獨創性，因此創造力特別強，如此特殊

的你會被周圍的人視為「怪人」，但你卻一點也不在乎，堅持己見，守護自己的那一絲與眾不同，也因此常常成為被言語攻擊的對象，雖然很無辜，但從某種程度上來說，你可以樂在其中，因為這才是真正的AB型水瓶座。

AB型人的和藹可親與水瓶座的太過理性，似乎是水火不相及的兩個範圍，但就是這樣特殊的結合，造就了即使周圍人的誤解以及中傷你，你也根本不予以理會，但也因為這樣使自己處於一個被人冷漠的境況。然而你獨有的友善以及對人對物平等的觀念，會使周遭對你慢慢產生好感，再加上你重情重義，所以人際關係還是很廣泛的。

注意：不要過於追求表達自己的獨特見解，應先注意優先對待他人的想法，接受他人的建議。

∫ 水瓶運勢

AB型水瓶座的你一生會遇到許多大大小小的挫折，感情路也多坎坷。但是你性格活潑，擅長交際，

彌補了低微的運勢。若遇上貴人相助,也有可能大力扭轉運勢,晚年達到很高的地位。

無論遇到什麼困難,你都不會服輸。憑藉你勤奮踏實的努力,人生即使經歷坎坷磨難,結果也是光明的。

建議你不要為小事蹉跎光陰,也不要恃才傲物,提前樹立自己的人生目標,為自己打造幸福美滿的一生。

注意:憑藉你勤奮踏實的努力,人生即使經歷坎坷磨難,結果也是光明的。

∫ 職場命運

在事業上,你不是很注重名利,你只希望能夠充分發揮你的才能。你的思維很活躍,天生富有創造力,如果找到自己真正熱愛的職業,一定能做出成績來。你也熱愛自由,不喜歡受過多的規章制度和團體的束縛,你淡泊名利,但只要持之以恆,不知不覺中名利會伴隨而來。

你需要注意的是，不要過多地強調你的個性，你的個性讓同事們欣賞你，但太張揚個性，也顯得不合群。培養自己的寬容大度，注重其他人的意見，以理說服人，而不要對他人的觀點嗤之以鼻。AB型水瓶是聰明理性的人，你創新型的個性經常獲得大家讚賞，但適當感性一點，會讓你收穫更多的好人緣。

注意：不要過多地強調你的個性，太張揚個性，也顯得不合群。

∫ 社交技巧

AB型水瓶座的你十分理性，並有著機械化的處事作風。你頭腦機智，目光敏銳，冷靜客觀地對待一切複雜的事物。你身邊的人會經常向你求助，你親切隨和的個性讓大家都很依賴你。但是當你和別人共事，你太過冷靜、太過苛求完美常常讓人容易誤解你。

你總是打破常規，追求創意，這是你的優點。但不要總是獨斷專行，聽取他人的建議會激發你的靈感，讓你受益匪淺。

注意：運用自己的親和力和活絡的人際關係，你會不斷開拓你的交際圈。

ＡＢ型×雙魚座

∫ 性格分析

AB型雙魚座的你，情緒起伏變化較大，但特別重情義。這樣的雙魚看起來是非常溫和的人，你是很適合安靜傾聽的人，但不要就這樣認為你是一個優秀的傾聽者，你也會偶爾三不五時地參與進來，你的想法表達出來通常都是很有意思，很幽默。與雙子相似，你這樣的雙魚也有矛盾的一面，但又不甘於讓自己處於矛盾之中，所以最好的辦法就是用自己的想像來逃避一切，讓所有的事情都變得理想化。雙魚是多愁善感的，總是小喜、小悲、小感動。自己的一些奇特的愛好有時是不被其他人所接受的，喜歡看一些富於感情的文字，精神世界很豐富，熱愛一切溫暖的事物。

AB型雙魚座的你，特質是屬於內在的，只有在進

一步深入的交往中，人們才會發現原來你是非常低調的人，不喜歡炫耀，心靈很單純。但就因為這樣，你受周圍環境的影響很大，總是在考慮別人的想法以及觀點，顧慮頗多，所以就變得越發懷疑自己，進而自信不足。AB型雙魚座的你很敏感，很倔強，很自我，再加上很矛盾，所以你自己有時會懷疑自己是不是有些精神分裂。不過，你還是很優秀的，很務實，要認真起來是別人比不了的。

注意：多愁善感的你，也要學會現實一些。

♓ 雙魚運勢

你的感情很細膩，缺少理性對人生缺乏規劃，會在他人的啟發下，做出改變自己人生的重大決定。你不適合早婚，早婚會讓你沉溺於感情的糾結而身心疲憊，建立在長期考驗基礎上的婚姻才會讓你獲得幸福。婚後若改變隨意懶散的生活習慣，則會有美滿的婚姻。

AB型雙魚座的你擁有敏銳的直覺，判斷力很準。

但因為優柔寡斷的個性又會讓你錯失良機，建議你跟著自己的感覺走，加上自己後天的努力，必能獲得成功。即使沒有他人的支持，靠自己的奮發向上的上進心，也能實現自己的理想。

你擁有不錯的財運，收入穩定，且在投資方面會取得不小的收益。但要用之有度才能不斷生財，若消費大手大腳會失去你的財運。

注意：對人生多一些規劃，你反而能活得更自如一些。

∫ 職場命運

AB型雙魚座的你心思細膩，感情敏銳，天生富有藝術細胞，應發揮你的藝術天分。你的韻律感和審美品味都相當強，可從事兼顧興趣和收益的工作。

AB型雙魚座的你天生浪漫多情，追求自由，討厭束縛。也不會為現實和生存的壓力而妥協。因為你愛幻想而淡泊名利，對生活缺少動力和使命感，喜歡過隨性自在的生活，這常常會讓你陷入窘境，讓你長生

懷才不遇之感。你若能將幻想與現實結合起來，稍微向現實妥協一點，在追求愛好的同時，也解決自己的經濟問題，你的人生會更加一帆風順。

注意：對工作多一份責任心，可以得到更多人的認可。

∫ 社交技巧

因為你喜歡自由隨性，對待朋友也平易近人。你心思細膩，擅長察言觀色，能讀懂別人的心，經常是朋友願意傾訴的對象。

你不爭、不計較，和其他人沒有太多的利益衝突，身邊人都很願意接近你。但你對自己不太自信，缺乏決斷力，經常錯失良機。有的時候會神經敏感，十分悲觀，這種悲觀情緒會讓朋友厭煩。你需要建立自信，讓自己更加活潑開朗一些，你的陽光心態會讓朋友更加喜歡你，陌生人更加願意接近你，從而開拓自己的人際交往圈。

注意：建立自信心，你會抓住更多的機遇。

永續圖書
線上購物網

www.foreverbooks.com.tw

讀品首選

史上，最靠腰的腦筋急轉彎

最囧的冷知識、毫無頭緒的冷笑話都在這本書
挑戰你的EQ極限，
答案永遠都是讓你狂罵三字經的衝動
囊括最賤的題目、最無厘頭的答題方法
請勿使用直覺解題目，因為答案絕對不是"憨人"
所想的那樣簡單
有心血管疾病的患者，請務必由正常人陪同解題，
否則後果自請負責……

史上，最靠北的腦筋急轉彎

機車問題賤回答！
答案永遠除了罵髒話外，讓你無話可説！
囊括最賤的題目，最無厘頭的答題方法
毫無頭緒的冷笑話都在這本書！

星座X血型X生肖讀心術大揭密

你所不知道的星座、血型、生肖大小事，都在這一
本裡面，不管是職場、愛情、友情甚至陌生人都能
一手掌握，所謂的知己知彼，百戰百勝。
想攻略你的情人？看這本就對了！
想迎合你的上司？看這本就對了！
想加溫你的友情？看這本就對了！
想幹掉你的對手？看這本就對了！
不管大小事，一本就解決！

十二星座看你準到骨子裡

只要這一本，解決難事不再是問題！

曾經有段愛情讓你肝腸寸斷？
曾經有位朋友讓你痛澈心脾？
曾經有個同事讓你恨之入骨？
曾經有件往事讓你念念不忘？
別斷、別痛、別恨、別忘！
只要你想得到的東西，
通通不漏接，讓你事事順利一把罩

◆ 姓名：　　　　　　　　　　　□男 □女　　　□單身 □已婚

◆ 生日：　　　　　　　　　　　□非會員　　　□已是會員

◆ E-Mail：　　　　　　　　　電話：（ ）

◆ 地址：

◆ 學歷：□高中及以下　□專科或大學　□研究所以上　□其他

◆ 職業：□學生　□資訊　□製造　□行銷　□服務　□金融

　　　　□傳播　□公教　□軍警　□自由　□家管　□其他

◆ 閱讀嗜好：□兩性　□心理　□勵志　□傳記　□文學　□健康

　　　　　　□財經　□企管　□行銷　□休閒　□小說　□其他

◆ 您平均一年購書：□ 5本以下　□ 6～10本　□ 11～20本

　　　　　　　　　□ 21～30本以下　□ 30本以上

◆ 購買此書的金額：

◆ 購自：　　　　　　市（縣）
　　□連鎖書店　□一般書局　□量販店　□超商　□書展
　　□郵購　□網路訂購　□其他

◆ 您購買此書的原因：□書名　□作者　□內容　□封面
　　　　　　　　　　□版面設計　□其他

◆ 建議改進：□內容　□封面　□版面設計　□其他
　　您的建議：

剪下後傳真、掃描或寄回至「22103新北市汐止區大同路三段194號9樓之1讀品文化收」

讀好書品嘗人生的美味

職場如戰場？
星座X血型終極大PK